Dr. Oetker

Blitzrezepte

schnell+schlank

Dr. Oetker

Blitzrezepte

schnell+schlank

Dr. Oetker Verlag

Vorwort

Es darf wieder etwas leichter sein?

Es soll blitzschnell gehen?

Erliegen Sie nach deftigen Sonntagsbraten und reichhaltigen Festtagsmenüs, dem Zauber des Einfachen, den schnell + schlank Rezepten in unserem Buch.

Schnell – das sind Gerichte, die in maximal 30 Minuten zubereitet sind. Schlank – das sind Gerichte, die kalorien- und fettarm sind.

Die Zubereitung des scharfen Mango-Glasnudel-Salates und der wärmenden Kartoffelsuppe mit Garnelen ist ein Kinderspiel. Ganz ohne zu kochen gelingen Lachsbrote und Doppeldecker-Sandwiches, die man auch mitnehmen kann oder wie man heute sagt: Snacks to go.

Leichtes Hähnchenfilet auf buntem Gemüse, frische Kräuter-Schollen-Filets, überbackener Kürbis und süße Apfel-Karamell-Creme vervollständigen unsere leichte Gute-Laune-Küche.

Mit jedem Pfund, das Sie genussvoll verlieren, steigert sich Ihr Wohlbefinden und der erste Schritt zum Wohlfühlgewicht ist getan. Probieren Sie es aus!

Rezeptabwandlungen sorgen für Abwechslung und der bewusste Genuss wird durch Ernährungstipps einfacher.

Alle Rezepte wurden ausprobiert und so beschrieben, dass sie leicht nachzukochen sind.

Ratgeber

Leicht genießen

Eine optimale Lebensmittelauswahl schützt unsere Gesundheit und hält uns in Form. Unsere Lebensmittel enthalten Nährstoffe, die uns Energie liefern. Diese braucht unser Körper zur Erhaltung der Körperfunktionen, der Körpertemperatur und der körperlichen Aktivität. Wird jedoch mehr Nahrungsenergie zugeführt als der Körper verbraucht, machen sich bald die ersten Fettpölsterchen bemerkbar.

Deshalb möchten wir Ihnen neben unseren fettarmen Rezepten auch Tipps zum Kaloriensparen mit auf den Weg geben.

Kalorienspartipps aus der Genussküche

Eine ausgewogene, fettarme Ernährung ist die beste Voraussetzung, um dauerhaft schlank, fit und gesund zu bleiben. Deshalb sollten Sie beim Einkauf, der Zubereitung und dem täglichen Genuss einige Tipps und Tricks zum Kaloriensparen beachten. Setzen Sie auf leichte, aber abwechslungsreiche Rezepte. Die einfachste Methode: Wählen Sie Ihre und die Lieblings-Rezepte Ihrer Familie aus unserem Buch aus und bauen Sie sie so oft wie möglich in Ihren Speiseplan ein.

So einfach lassen sich Kalorien sparen

- Sichtbares Fett z. B. am Schinken, Fleisch, Geflügel einfach entfernen.
- Da sie die meisten Kalorien liefern: Fette und Öle immer genau abmessen.
- Streichfette rechtzeitig aus dem Kühlschrank nehmen – weich sind sie besser portionier- und verstreichbar, so nimmt man weniger.
- Beim Dämpfen, Grillen, Braten in einer beschichteten Pfanne oder Garen im Römertopf kann auf zusätzliches Fett verzichtet werden.
- Wer feinen Buttergeschmack oder das Aroma von Olivenöl liebt: einfach einige Tropfen zum Schluss über die fertigen Speisen träufeln.
- Statt Sahne oder Schmelzkäse eignet sich saure Sahne (10 % Fett) zum Verfeinern von Saucen, Suppen oder Gemüse. Einige Hersteller bieten auch fettreduzierte Alternativen zu Crème fraîche & Co. an, z. B. Crème légère.
- Von Brühen und Saucen das Fett abschöpfen, z. B. mit einem speziellen Fettabschöpfer (Haushaltswarenladen). Oder die Gerichte abkühlen lassen und abgesetztes Fett von der Oberfläche entfernen.
- Mayonnaise ganz oder zum großen Teil durch saure Sahne oder Joghurt ersetzen.
- Beim Überbacken von Gratins oder Aufläufen auf üppige Käsekrusten verzichten. Häufig reichen schon 2–3 Esslöffel geriebener Parmesan, gemischt mit 1 Esslöffel Semmelbröseln, um eine ebenso würzige Kruste zu bekommen.

Für unterwegs – im Büro, der Schule oder im Restaurant

Was nützen die besten Vorsätze für bewusstes Einkaufen und gesundes Zubereiten zu Hause, wenn die tägliche Hauptmahlzeit außer Haus, z. B. in der Kantine oder der Schule gegessen wird?
Aber auch hier können Sie mit einigen Kniffen Kalorienfallen geschickt umgehen:

- An der Salatbar der Kantine sind Sie richtig: Eine große Portion Blattsalate, Rohkostsalate, Champignons, Möhren oder Paprika usw. sollte immer auf Ihrem Plan stehen.
- Salat nur mit wenig Dressing genießen (evtl. selbst gemachtes oder fettarmes Fertig-Dressing von zu Hause mitbringen).
- Pellkartoffeln, Salzkartoffeln, Reis oder Nudeln sind ideale Beilagen, die Ihnen sättigende Kohlenhydrate, aber nur wenig Fettkalorien liefern. Bratkartoffeln, Pommes, Rösti oder Gratins dagegen, belasten Ihr Kalorienkonto unnötig.

- Gönnen Sie sich einen üppigen Teller gedünstetes Beilagen-Gemüse mit Kartoffeln, Nudeln oder Reis.
- Bevorzugen Sie mageres Fleisch, z. B. Steak oder Filet, Fisch oder Geflügel, ohne gehaltvolle Saucen.
- Fertigdesserts sind häufig echte Kalorienbomben. Wählen Sie deshalb lieber eine Portion frisches Obst oder fruchtiges Gelee.
- Nehmen Sie, so oft es geht, eine vorzubereitende, zum Mitnehmen geeignete Mahlzeit aus unserem Buch mit.
- Trinken Sie reichlich Mineralwasser, das dämpft den ersten Hunger und löscht den Durst.
- Etwa 1,5–2 l Flüssigkeit pro Tag sollte ein Erwachsener trinken, um den Flüssigkeitsverlust im Körper zu ersetzen und alle Körperfunktionen optimal in Gang zu halten.
- Ein idealer Durstlöscher ohne Kalorien ist Wasser, ganz gleich ob es sich um Trinkwasser aus der Leitung oder Mineralwasser handelt. Aber auch ungesüßte Kräuter- und Früchtetees sind geeignet.

Allgemeine Hinweise zu den Rezepten

Bevor Sie mit dem Kochen beginnen, möchten wir Ihnen einige Ratschläge mit auf den Weg geben.

Die Vorbereitung

Lesen Sie bitte vor der Zubereitung – besser noch vor dem Einkaufen – das Rezept einmal vollständig durch. Oft werden Arbeitsabläufe oder Zusammenhänge dann klarer.

Die Zubereitungszeit

Die Zubereitungszeit dient Ihrer Orientierung. Sie ist ein Richtwert und abhängig von Ihrer Kocherfahrung. Die Zubereitungszeit beinhaltet die Zeit der tatsächlichen Zubereitung. Längere Wartezeiten, wie Kühl- oder Abkühlzeiten, Auftau- und Durchziehzeiten sind, sofern parallel keine weitere Tätigkeit erfolgt, nicht in der Zubereitungszeit enthalten. Die Garzeit ist gesondert ausgewiesen.

Die Gartemperatur und Garzeit

Die in den Rezepten angegebenen Gartemperaturen und Garzeiten sind Richtwerte, die je nach individueller Hitzeleistung des Backofens über- oder unterschritten werden können. Bitte beachten Sie bei der Einstellung des Backofens die Gebrauchsanleitung des Herstellers. Ein Backofenthermometer eignet sich dabei gut, um die Backofentemperatur im Blick zu haben.

Die Nährwerte

Die Nährwerte sind auf die Einzelportionen bezogen. Die Anzahl der Portionen ist in jedem Rezept angegeben.

Die Abkürzungen

EL	=	Esslöffel
TL	=	Teelöffel
Msp.	=	Messerspitze
Pck.	=	Packung/Päckchen
g	=	Gramm
kg	=	Kilogramm
ml	=	Milliliter
l	=	Liter
evtl.	=	eventuell
geh.	=	gehäuft
gestr.	=	gestrichen
TK	=	Tiefkühlprodukt
°C	=	Grad Celsius
Ø	=	Durchmesser
E	=	Eiweiß
F	=	Fett
Kh	=	Kohlenhydrate
kJ	=	Kilojoule
kcal	=	Kilokalorien
BE	=	Broteinheiten

Zubereitungszeit: 30 Minuten

4 Portionen • Pro Portion:
E: 13 g, F: 9 g, Kh: 36 g, kJ: 1173, kcal: 280, BE: 3,0

Kartoffelsuppe mit Porree und Garnelen

Simpel – macht satt

Zutaten: 1 kg vorwiegend festkochende Kartoffeln • 2 Stangen Porree (Lauch, etwa 400 g) • 1 Zwiebel (etwa 65 g) • 20 g Butter • 750 ml (¾ l) Gemüsebrühe • 4 Stängel Majoran (oder 1 Msp. gerebelter Majoran) • 100 g Garnelen in Lake (aus dem Kühlregal) • 250 ml (¼ l) Milch • Salz • frisch gemahlener Pfeffer • 5–7 Tropfen Worcestersauce (Fertigprodukt)

1. Kartoffeln schälen, abspülen, abtropfen lassen und in kleine Würfel schneiden. Porree putzen. Die Stangen längs halbieren, gründlich waschen und abtropfen lassen. Porree in schmale Streifen schneiden. Zwiebel abziehen und fein würfeln.

2. Butter in einem Topf erhitzen. Zwiebelwürfel darin unter gelegentlichem Rühren andünsten. Kartoffelwürfel und Porreestreifen hinzufügen und kurz mitdünsten.

3. Gemüsebrühe hinzugießen, zum Kochen bringen und zugedeckt 12–15 Minuten köcheln lassen, bis die Kartoffeln weich sind.

4. Inzwischen Majoran abspülen, trocken tupfen und die Blättchen von den Stängeln zupfen.

5. Etwa ein Drittel des Gemüses mit einer Schaumkelle herausnehmen und auf einen Teller geben. Restliche Suppe fein pürieren.

6. Garnelen in einem Sieb abtropfen lassen. Milch unter Rühren in die Suppe gießen. Garnelen unterrühren. Die Kartoffelsuppe nochmals kurz erwärmen, beiseite gelegtes Gemüse wieder unterrühren. Die Suppe mit Salz, Pfeffer und Worcestersauce abschmecken, mit Majoran bestreut servieren.

Ernährungstipp: 100 g gekochte Kartoffeln haben nur etwa 70 kcal und sind doch sehr sättigende Eiweißlieferanten. Dessen biologische Wertigkeit wird durch die Zugabe der Milch in dieser Suppe noch erhöht.
„Dickmacher“ werden Kartoffeln erst dann, wenn sie z. B. in Fett gebraten oder frittiert werden.

Rezeptabwandlung: Wer keine Garnelen mag, kann stattdessen 200 g mageren gekochten Schinken in feine Würfel schneiden. Die Schinkenwürfel dann zum Schluss unter die Suppe rühren und kurz miterwärmen (Pro Portion: E: 19 g, F: 8 g, Kh: 36 g, kJ: 1292, kcal: 308, BE: 3,0).

Zubereitungszeit: 30 Minuten

4 Portionen • Pro Portion:
E: 12 g, F: 5 g, Kh: 30 g, kJ: 914, kcal: 217, BE: 2,0

Möhrensuppe mit roten Linsen und Minze
Extra fettarm

Zutaten: 750 g Möhren • 10 g Ingwerwurzel • 1 rote Peperoni • 1½ EL Speiseöl, z. B. Sonnenblumenöl (15 g) • 150 g rote Linsen • frisch gemahlener Pfeffer • 1 Msp. gemahlener Kardamom • 800 ml Gemüsebrühe • 1–2 Stängel Pfefferminze • Salz • geriebene Muskatnuss

1. Möhren putzen, schälen, abspülen, abtropfen lassen und in kleine Würfel schneiden. Ingwer schälen und fein würfeln. Peperoni längs aufschneiden, entkernen, abspülen, trocken tupfen und in feine Streifen schneiden.

2. Öl in einem Topf erhitzen. Möhrenwürfel, Ingwer und Peperoni darin etwa 5 Minuten unter gelegentlichem Rühren andünsten.

3. Linsen, Pfeffer und Kardamom hinzufügen und etwa 2 Minuten mit andünsten. Brühe hinzugießen, die Zutaten zum Kochen bringen und zugedeckt 8–10 Minuten leicht köcheln lassen.

4. Inzwischen Minzestängel abspülen, trocken tupfen und die Blättchen von den Stängeln zupfen. Die Suppe vor dem Servieren mit Salz und Muskatnuss abschmecken, mit Minze bestreuen.

Ernährungstipp: Rote Linsen sind, wie alle Hülsenfrüchte, gute Eiweißlieferanten. Außerdem sind Linsen reich an Ballast- und Mineralstoffen sowie Spurenelementen, wie z. B. Eisen. Eisen ist wichtig für unsere Leistungsfähigkeit. Eisen aus pflanzlichen Lebensmitteln wird vom Körper besser aufgenommen, wenn Sie dazu Vitamin-C-haltige Lebensmittel (z. B. Orangensaft oder Obst zum Nachtisch) kombinieren.

Beilagentipp: Dazu schmeckt Fladenbrot. Ein halbes Fladenbrot (etwa 200 g, zusätzlich pro Portion: E: 4 g, F: 1 g, Kh: 24 g, kJ: 493, kcal: 118, BE: 2,0) in vier gleich große Stücke teilen und dazureichen. Oder reichen Sie stattdessen pro Person 2 Scheiben Roggenvollkornbrot (je Scheibe etwa 45 g) dazu (zusätzlich pro Portion: E: 6 g, F: 1 g, Kh: 34 g, kJ: 707, kcal: 169, BE: 3,0).

Zubereitungszeit: 30 Minuten

4 Portionen • Pro Portion:
E: 14 g, F: 6 g, Kh: 14 g, kJ: 712, kcal: 170, BE: 0,5

Fenchel-Zitronen-Suppe mit Lachs

Beliebt

Zutaten: 2 Fenchelknollen (etwa 400 g) • 3 Möhren (etwa 200 g) • 2–3 mehligkochende Kartoffeln (etwa 250 g) • 1 EL Olivenöl (10 g) • 750 ml (¾ l) Gemüsebrühe • 2 Lorbeerblätter • 1 TL Currypulver • 1 Bio-Zitrone (unbehandelt, ungewachst) • 200 g Lachsfilet • Salz • 1 Msp. gemahlener Piment • 5 Stängel glatte Petersilie

1. Vom Fenchel etwas Fenchelgrün abspülen, trocken tupfen und zum Garnieren beiseitelegen. Von den Fenchelknollen die Stiele dicht oberhalb der Knollen abschneiden. Knollen abspülen, abtropfen lassen, halbieren und in kleine Stücke schneiden.

2. Möhren putzen. Möhren und Kartoffeln schälen, abspülen, abtropfen lassen und in kleine Würfel schneiden.

3. Öl in einem Topf erhitzen. Fenchelstücke, Möhren- und Kartoffelwürfel unter Rühren darin andünsten. Gemüsebrühe, Lorbeerblätter und Curry hinzufügen, unterrühren. Die Suppe bei mittlerer Hitze etwa 15 Minuten kochen lassen.

4. In der Zwischenzeit Zitrone heiß abwaschen und abtrocknen. Die Hälfte der Schale abreiben und beiseitelegen. Zitrone halbieren und auspressen.

5. Lachs unter fließendem kalten Wasser abspülen, trocken tupfen und in etwa 1 cm große Würfel schneiden. Lachswürfel mit Zitronensaft beträufeln, mit Salz und Piment bestreuen.

6. Die Lorbeerblätter aus der Suppe nehmen. Zitronenschale in die Suppe einrühren. Suppe pürieren und nochmals aufkochen lassen. Lachswürfel in die Suppe geben und noch etwa 5 Minuten bei schwacher Hitze gar ziehen lassen. Suppe evtl. nochmals mit Salz, Curry und Piment abschmecken.

7. Petersilie abspülen, trocken tupfen und die Blättchen von den Stängeln zupfen. Petersilienblättchen und beiseite gelegtes Fenchelgrün hacken. Die Suppe mit Kräutern bestreut servieren.

Ernährungstipp: Möhren sind gute Beta-Carotin-Lieferanten. Dieses Pro-Vitamin ist eine Vorstufe zum Vitamin A, das dann im Körper gebildet werden kann. Die Verarbeitung der Gemüse und eine kleine Fettzugabe erhöhen die Aufnahme in unserem Körper.

Einkaufstipp: Achten Sie beim Kauf von Fenchel darauf, dass die Knollen möglichst weiß und makellos sind. Braune Flecken und Druckstellen sind ein Hinweis, dass die Knollen nicht mehr ganz frisch sind.

Rezeptabwandlung: *Fenchel-Zitronen-Suppe mit Ei* (pro Portion: E 9 g: F: 7 g, Kh: 14 g, kJ: 660, kcal: 158, BE: 0,5). Wer keinen Lachs mag, nimmt stattdessen 2–3 hart gekochte, gewürfelte Eier und gibt sie zum Schluss in die Suppe.

Zubereitungszeit: 30 Minuten

4 Portionen • Pro Portion:
E: 12 g, F: 4 g, Kh: 36 g, kJ: 979, kcal: 233, BE: 2,5

Bunter Bohneneintopf
Preiswert

Zutaten: 3 Möhren (etwa 300 g) • 4 vorwiegend festkochende Kartoffeln (etwa 400 g) • 1 Zwiebel (etwa 65 g) • 1 EL Speiseöl (z. B. Sonnenblumenöl, 10 g) • 1 l Gemüsebrühe • 2 Lorbeerblätter • 2 Tomaten (etwa 200 g) • 1 Zucchini (etwa 375 g) • 1 Dose Weiße Bohnen mit Suppengrün (Abtropfgewicht 530 g) • Salz • frisch gemahlener Pfeffer • frisch geriebene Muskatnuss

1. Möhren putzen, schälen, abspülen und abtropfen lassen. Möhren längs halbieren und quer in Scheiben schneiden. Kartoffeln schälen, abspülen, abtropfen lassen und in kleine Würfel schneiden. Zwiebel abziehen, fein würfeln.

2. Öl in einem Topf erhitzen. Möhrenscheiben, Kartoffel- und Zwiebelwürfel darin bei mittlerer Hitze in 3–4 Minuten unter gelegentlichem Rühren kurz andünsten. Gemüsebrühe hinzugießen. Lorbeerblätter zufügen und alles zum Kochen bringen. Den Eintopf zugedeckt bei mittlerer Hitze etwa 5 Minuten köcheln lassen.

3. In der Zwischenzeit Tomaten abspülen, abtrocknen, halbieren und die Stängelansätze herausschneiden. Tomatenhälften in Spalten schneiden und jeweils quer halbieren. Zucchini abspülen, abtrocknen und die Enden abschneiden. Zucchini in Würfel schneiden. Bohnen in ein Sieb abgießen.

4. Tomatenstücke, Zucchiniwürfel und abgetropfte Bohnen zum Eintopf geben. Diesen kurz aufkochen und weitere etwa 5 Minuten köcheln lassen, bis das Gemüse und die Kartoffeln gar sind.

5. Bohneneintopf mit Salz, Pfeffer und Muskatnuss abschmecken. Vor dem Servieren die Lorbeerblätter entfernen.

Ernährungstipp: Ballaststoffe sorgen unter anderem als unverdauliche pflanzliche Nahrungsbestandteile für ein lang anhaltendes Sättigungsgefühl und eine gute Verdauung. Ungefähr 30 g Ballaststoffe sollte man täglich verzehren. Ideal ist es, etwa die Hälfte aus Vollkorngetreide und die andere Hälfte aus Gemüse, Hülsenfrüchten, Kartoffeln und Obst zu sich zu nehmen.

Rezeptabwandlung: Für einen *Bohneneintopf mit Birne* (pro Portion: E: 12 g, F: 4 g, Kh: 43 g, kJ: 1069, kcal: 255, BE: 3,0) die Zucchini weglassen und stattdessen 2 Birnen (je etwa 150 g) verwenden. Möhren, Kartoffeln und Zwiebeln in Öl andünsten, dann etwa 5 Minuten in Brühe garen. Inzwischen Birnen abspülen, abtrocknen, vierteln, entkernen, in Stücke schneiden, mit Tomaten und Bohnen in die Brühe geben und alles etwa 5 Minuten weitergaren. Den Eintopf mit Paprikapulver, Bohnenkraut, Salz und Pfeffer würzen.

Zubereitungszeit: 20 Minuten

4 Portionen • Pro Portion:
E: 38 g, F: 9 g, Kh: 2 g, kJ: 982, kcal: 235, BE: 0,0

Fischsuppe
Schnell gemacht

Zutaten: 1 Stange Staudensellerie (etwa 75 g) • 1 l Instant-Gemüsebrühe • 400 g Lachsfilet (oder angetautes TK-Lachsfilet) • 400 g Schollenfilet (oder angetautes TK-Schollenfilet) • Salz • frisch gemahlener Pfeffer • 100 g TK-Suppengrün • ½ Bund Kerbel

1. Staudensellerie putzen und die harten Außenfäden abziehen. Sellerie abspülen, abtropfen lassen und in sehr dünne Scheiben schneiden. Gemüsebrühe und Sellerie zugedeckt in einem Topf zum Kochen bringen.

2. Inzwischen die Fischfilets unter fließendem kalten Wasser abspülen, trocken tupfen und in mundgerechte Stücke schneiden. Die Fischstücke mit Salz und Pfeffer würzen.

3. Die Fischstücke mit dem Suppengrün in die Brühe geben und bei schwacher Hitze in etwa 5 Minuten gar ziehen lassen.

4. In der Zwischenzeit den Kerbel abspülen, trocken tupfen und die Blättchen von den Stängeln zupfen. Kerbelblättchen grob hacken, in die Suppe geben und die Suppe servieren.

Beilagentipp: Servieren Sie die Suppe nach Belieben mit geröstetem Baguette. (250 g in Scheiben geschnitten, zusätzlich pro Portion: E: 5 g, F: 1 g, Kh: 32 g, kJ: 649, kcal: 155, BE: 2,5).

Einkaufstipp: Statt Lachs- und Schollenfilet können Sie auch Seelachs- und Tilapiafischfilet verwenden.

Ernährungstipp: Fisch sollte mindestens 1-mal pro Woche auf dem Speiseplan stehen. Fisch liefert uns leicht verwertbares Eiweiß und ernährungsphysiologisch wichtiges Jod.

Rezeptabwandlung: Für eine *Nudel-Fisch-Suppe* ersetzen Sie die Hälfte des Fisches durch 100 g Suppennudeln (z. B. Muschelnudeln). Suppennudeln in der kochenden Gemüsebrühe etwa 5 Minuten garen. Dann erst die Fischstücke mit dem Suppengrün zugeben und wie im Rezept beschrieben etwa 5 Minuten gar ziehen lassen (Pro Portion: E: 23 g, F: 5 g, Kh: 19 g, kJ: 889, kcal: 213, BE: 1,5).

Zubereitungszeit: 30 Minuten, ohne Durchziehzeit

4 Portionen • Pro Portion:
E: 9 g, F: 8 g, Kh: 44 g, kJ: 1201, kcal: 287, BE: 3,0

Couscous-Salat
Gut vorzubereiten – mal was anderes

Zutaten: 200 g Couscous • etwa 750 ml (¾ l) Gemüsebrühe • 1 Knoblauchzehe • 1 Zwiebel (etwa 65 g) • je 1 kleine grüne und gelbe Paprikaschote (je etwa 150 g) • ½ Salatgurke (etwa 175 g) • 3 Fleischtomaten (etwa 400 g)
Für die Salatsauce: Saft von 1 Zitrone • 3 EL Olivenöl (30 g) • Salz • frisch gemahlener Pfeffer • ¼ TL Chilipulver • 4–5 Stängel glatte Petersilie • 3–4 Stängel Koriander

1. Couscous mit der Gemüsebrühe nach Packungsanleitung in einem Topf zubereiten. Den Topf mit dem Couscous beiseitestellen. Couscous erkalten lassen.

2. In der Zwischenzeit Knoblauch und Zwiebel abziehen, beides fein würfeln. Paprikaschoten halbieren, entstielen, entkernen und die weißen Scheidewände entfernen. Schoten abspülen, abtropfen lassen und in feine Würfel schneiden.

3. Salatgurke abspülen, abtrocknen und das Ende abschneiden. Gurke längs halbieren, entkernen und in Streifen schneiden.

4. Fleischtomaten abspülen, kreuzweise einschneiden und mit kochendem Wasser übergießen. Tomaten mit kaltem Wasser abschrecken, enthäuten, halbieren und die Stängelansätze herausschneiden. Tomaten entkernen und in kleine Stücke schneiden.

5. Den beiseite gestellten Couscous in eine Salatschüssel geben und mit 2 Gabeln etwas auflockern. Knoblauch-, Zwiebel- und Paprikawürfel, Gurkenstreifen und Tomatenstücke unterheben.

6. Für die Salatsauce Zitronensaft mit dem Öl verschlagen, mit Salz, Pfeffer und Chilipulver würzen. Die Sauce mit den Salatzutaten vermengen und, kalt gestellt, etwas durchziehen lassen.

7. Zum Servieren Kräuter abspülen und trocken tupfen. Die Blättchen von den Stängeln zupfen und die Blättchen fein hacken. Die Kräuterblättchen unter den Salat geben. Den Salat nochmals abschmecken und servieren.

Ernährungstipp: Couscous gehört zu den Getreideerzeugnissen, die mit einem hohen Anteil von Eiweiß und Stärke unsere Ernährung bereichern. Gleichzeitig sind sie wichtige Nährstofflieferanten.

Einkaufstipp: Im Supermarkt bekommen Sie oft Instant-Couscous, der nur noch in heißem Salzwasser oder Gemüsebrühe ausquellen muss. Couscous gibt es aus Hartweizengrieß, aber auch aus Hirse- und Gerstengrieß wird Couscous hergestellt.

Tipps: Der Salat schmeckt am besten, wenn er gut durchziehen kann. Deshalb den Salat zugedeckt im Kühlschrank etwa 2 Stunden durchziehen lassen. Der Couscous-Salat ist zum Mitnehmen für die Mittagspause und auch für ein Picknick gut geeignet.

Zubereitungszeit: 30 Minuten

4 Portionen • Pro Portion:
E: 21 g, F: 11 g, Kh: 49 g, kJ: 1659, kcal: 395, BE: 4,0

Scharfer Mango-Glasnudel-Salat
Ein Hauch von Asien

Zutaten: 150 g Glasnudeln • 2 Bio-Limetten (unbehandelt, ungewachst) • 1 Bio-Orange (unbehandelt, ungewachst) • 1 rote Chilischote • 1 reife Mango (etwa 400 g) • je 4–5 Stängel Basilikum und Koriander • 2 EL Sesamöl (20 g) • Salz • frisch gemahlener Pfeffer • 400 g Garnelen (roh, ohne Kopf, geschält und entdarmt) • 2 EL Sonnenblumenöl (20 g) • 1–1½ EL flüssiger Honig (etwa 15 g)

1. Die Glasnudeln nach Packungsanleitung zubereiten, dann abkühlen lassen. Limetten und Orange heiß abspülen, abtrocknen. Von einer Limette und der Orange die Schale getrennt abreiben. Den Saft getrennt auspressen. Die zweite Limette beiseitelegen.

2. Chilischote abspülen, abtrocknen, entstielen, längs halbieren, entkernen und in kleine Streifen schneiden. Das Fruchtfleisch der Mango vom Stein schneiden, schälen und in Streifen schneiden.

3. Basilikum und Koriander abspülen, trocken tupfen und die Blättchen von den Stängeln zupfen. Einige Blättchen beiseitelegen, restliche Blättchen getrennt in feine Streifen schneiden.

4. Orangensaft mit abgeriebener Orangenschale, Sesamöl und Chilistreifen verrühren. Marinade mit Salz und Pfeffer würzen.

5. Garnelen unter fließendem kalten Wasser abspülen und trocken tupfen. Ein Esslöffel vom Öl in einer Pfanne erhitzen. Garnelen hineingeben und unter Wenden darin braten, bis sie sich rot gefärbt haben.

6. Die Glasnudeln mit einer Küchenschere in mundgerechte Stücke schneiden. Mangostreifen, Orangenmarinade und Korianderblättchen unterrühren.

7. Übriges Öl mit Honig, abgeriebener Limettenschale, -saft und Basilikum verrühren, mit Salz und Pfeffer würzen. Marinade mit Garnelen vermischen, auf dem Mango-Glasnudel-Salat anrichten. Beiseite gelegte Limette in Scheiben schneiden. Salat mit Limettenscheiben und beiseite gelegten Kräuterblättchen garnieren.

Ernährungstipp: Die Südfrucht Mango enthält neben Calcium und Magnesium vor allem Vitamin C und Beta-Carotin.

Einkaufstipp: Bei reifen Mangos gibt die Schale auf leichten Druck etwas nach. Die Schale hat meist kleine braune oder schwarze Flecken.

Zubereitungszeit: 25 Minuten, ohne Durchziehzeit

2 Portionen • Pro Portion:
E: 17 g, F: 14 g, Kh: 48 g, kJ: 1613, kcal: 385, BE: 3,5

Rote-Linsen-Salat
Zum Mitnehmen – fruchtig

Zutaten: 150 g Zuckerschoten • 200 ml Gemüsebrühe • 100 g rote Linsen • 2 Frühlingszwiebeln (etwa 100 g) • 1 Dose Aprikosenhälften (Abtropfgewicht 130 g) • 10 g Ingwerwurzel (oder ½ TL gemahlener Ingwer) • 1–2 EL Himbeeressig (etwa 20 g) • Salz • frisch gemahlener Pfeffer • 1 EL Sonnenblumenöl (10 g) • 1½ EL Nussöl (15 g)

1. Von den Zuckerschoten die Enden abschneiden. Die Schoten evtl. abfädeln, abspülen und abtropfen lassen. Die Brühe in einem kleinen Topf zum Kochen bringen. Zuckerschoten darin kurz blanchieren, mit einer Schaumkelle herausnehmen. Die Schoten mit kaltem Wasser abschrecken, abtropfen lassen und halbieren.

2. Die Linsen in die Brühe geben, das Ganze wieder zum Kochen bringen und bei schwacher Hitze etwa 8 Minuten köcheln lassen, bis die Brühe aufgesogen ist.

3. Frühlingszwiebeln putzen, abspülen, abtropfen lassen und schräg in Ringe schneiden. Frühlingszwiebelringe unter die heißen Linsen heben. Die Linsen-Zwiebel-Mischung abkühlen lassen.

4. Aprikosen in einem Sieb abtropfen lassen und in dünne Spalten schneiden.

5. Ingwer schälen und fein reiben. Essig mit Salz, Pfeffer und Ingwer verrühren. Sonnenblumen- und Nussöl unterschlagen. Die Salatsauce mit der Linsen-Zwiebel-Mischung vermengen. Aprikosenspalten und Zuckerschoten unterheben.

6. Den Rote-Linsen-Salat nochmals abschmecken und servieren. Oder noch besser, zugedeckt kalt stellen und etwa 1 Stunde durchziehen lassen.

Beilagentipp: Pro Portion 2 Scheiben Vollkorntoast dazureichen (zusätzlich pro Portion: E: 6 g, F: 1 g, Kh: 34 g, kJ: 707, kcal: 169, BE: 3,0).

Rezeptabwandlung: Für einen *Rote-Linsen-Salat mit Erbsen und Ananas* statt Zuckerschoten und Aprikosen 150 g TK-Erbsen und 1 kleine Dose Ananasscheiben (Abtropfgewicht 140 g) verwenden. Die Erbsen nach Packungsanleitung garen, dann abtropfen lassen. Die Ananasscheiben in einem Sieb abtropfen lassen und in kleine Stücke schneiden. Erbsen und Ananasstücke unter die Linsen-Zwiebel-Mischung geben, mit der Salatsauce verrühren und mit den Gewürzen abschmecken. (Pro Portion: E: 19 g, F: 14 g, Kh: 52 g, kJ: 1747, kcal: 418, BE: 4,0).

Zubereitungszeit: 30 Minuten

4 Portionen • Pro Portion:
E: 15 g, F: 14 g, Kh: 6 g, kJ: 891, kcal: 213, BE: 0,5

Eier-Spinat-Salat mit Senf-Dressing

Leicht

Zutaten: 5 Eier (Größe M) • 1–2 Stangen Porree (Lauch, etwa 250 g) • 1–2 Stangen Staudensellerie (etwa 150 g) • 50 g Frühstücksspeck (Bacon, in Scheiben) • 1 EL Sonnenblumenöl (10 g) • 100 g aufgetaute TK-Erbsen • 3 EL Gemüsebrühe (etwa 30 ml) • 3–4 EL Weißweinessig (30–40 ml) • 1 TL mittelscharfer Senf (etwa 4 g) • Salz • frisch gemahlener Pfeffer • ¼ TL Zucker • 1 EL Sonnenblumenöl (10 g) • 150 g junge Spinatblätter

1. Die Eier an der Unterseite einpicken, in kochendes Wasser geben und in etwa 8 Minuten hart kochen. Eier mit kaltem Wasser abschrecken, damit die Eier nicht nachgaren.

2. In der Zwischenzeit Porree putzen, die Stangen seitlich einschneiden, gründlich abspülen und abtropfen lassen. Porree in dünne Ringe schneiden. Staudensellerie putzen und die harten Außenfäden abziehen. Sellerie abspülen, abtropfen lassen und in dünne Scheiben schneiden.

3. Speckscheiben halbieren, in einer Pfanne ohne Fett knusprig ausbraten, herausnehmen und auf Küchenpapier abtropfen lassen.

4. Öl in der Pfanne erhitzen. Porree, Sellerie und Erbsen darin unter Wenden etwa 2 Minuten andünsten. Gemüse aus der Pfanne nehmen.

5. Für das Dressing Brühe und Essig in der Pfanne verrühren. Dressing mit Senf, Salz, Pfeffer und Zucker abschmecken. Sonnenblumenöl unterschlagen. Dressing warm halten.

6. Spinat verlesen, dicke Stiele entfernen, Spinat gründlich waschen, gut abtropfen lassen oder trocken schleudern. Eier pellen und in Scheiben schneiden.

7. Spinat und Eier mit dem Gemüse auf Tellern anrichten. Speck nach Belieben grob zerbröseln und daraufgeben. Das Dressing dazureichen.

Beilagentipp: Reichen Sie Roggen-Vollkornbrot dazu (1 Scheibe je etwa 45 g, pro Scheibe etwa: E: 3 g, F: 0 g, Kh: 17 g, kJ: 363, kcal: 87, BE: 1,5).

Rezeptabwandlungen: Statt der Spinatblätter eignet sich auch etwa 125 g Feldsalat. (Pro Portion *Feldsalat-Eier-Salat*: E: 15 g, F: 14 g, Kh: 6 g, kJ: 883, kcal: 211, BE: 0,5). Oder Sie probieren einen *fruchtigen Eier-Spinat-Salat.* (Pro Portion: E: 13 g, F: 14 g, Kh: 9 g, kJ: 902, kcal: 216, BE: 0,5). Dann die aufgetauten Erbsen durch 1 Birne (etwa 200 g) ersetzen. Birne abspülen, trocken tupfen, vierteln, entkernen und in kleine Stücke schneiden. Birnenstücke mit dem Porree und Sellerie kurz andünsten.

Einkaufstipp: Jungen Spinat gibt es eher in den Frühjahrs- und Sommermonaten zu kaufen, während Feldsalat im Herbst und Winter Saison hat.

Zubereitungszeit: 30 Minuten

4 Portionen • Pro Portion:
E: 33 g, F: 7 g, Kh: 39 g, kJ: 1467, kcal: 351, BE: 2,0

Asia-Glasnudel-Salat
Warm und kalt ein Genuss

Zutaten: 500 g Hähnchenbrustfilet • 2 EL Sojasauce (etwa 20 g) • 150 g Glasnudeln • 1 rote Chilischote • 2 Knoblauchzehen • 5 Möhren (etwa 500 g) • 2 Stangen Porree (Lauch, etwa 400 g) • 2 EL Speiseöl, z. B. Sesamöl (20 g) • Salz • frisch gemahlener Pfeffer • ½ TL gemahlener Ingwer • 3–4 EL Limettensaft

1. Hähnchenbrustfilet unter fließendem kalten Wasser abspülen, trocken tupfen, in etwa 2 cm große Würfel schneiden und mit der Sojasauce verrühren.

2. Glasnudeln nach Packungsanleitung zubereiten, erkalten lassen. Dann mit einer Küchenschere in etwa 3 cm lange Stücke schneiden.

3. Inzwischen Chilischote halbieren, entstielen, entkernen, abspülen, abtropfen lassen und in feine Streifen schneiden. Knoblauch abziehen und fein hacken.

4. Möhren und Porree putzen. Möhren schälen, abspülen, abtropfen lassen und in dünne Scheiben schneiden. Porreestangen seitlich längs einschneiden, gründlich abspülen und abtropfen lassen. Porree in Ringe schneiden.

5. Öl in einer Pfanne erhitzen. Die Hähnchenwürfel darin unter gelegentlichem Rühren 5–7 Minuten braten, mit Salz und Pfeffer bestreuen und herausnehmen.

6. Chilischote, Knoblauch, Möhren und Porree im verbliebenen Bratfett anbraten, etwa 4 Minuten unter gelegentlichem Wenden bissfest dünsten.

7. Salatzutaten miteinander vermischen, mit Salz, Pfeffer, Ingwer und Limettensaft abschmecken. Salat sofort warm servieren oder noch etwas durchziehen lassen, dann kalt servieren.

Tipp: Glasnudeln sind dünne, nach dem Garen glasig aussehende Nudeln, die im asiatischen Raum als Beilage oder Suppeneinlage beliebt sind.

Rezeptabwandlung: Für einen *Glasnudel-Salat mit Mais und Paprika* (pro Portion: E: 34 g, F: 7 g, Kh: 46 g, kJ: 1640, kcal: 392, BE: 3,5) nehmen Sie statt Möhren und Porree 1 Dose Gemüsemais (Abtropfgewicht 285 g) und 2 rote Paprikaschoten (je etwa 200 g). Mais abtropfen lassen. Paprika halbieren, entstielen, entkernen, die weißen Scheidewände entfernen. Schoten abspülen, abtropfen lassen und in feine Streifen schneiden. Gemüse wie beschrieben andünsten und unter die restlichen Salatzutaten geben.

Zubereitungszeit: 25 Minuten

2 Stück • Pro Stück:
E: 13 g, F: 10 g, Kh: 48 g, kJ: 1408, kcal: 336, BE: 3,5

Gemüse-Gyros in Pita-Brottaschen

Für Kinder – im Trend

Zutaten: je 1 kleine rote und grüne Paprikaschote (je 150 g) • 1 Zwiebel • 1 Knoblauchzehe • 1 TL Olivenöl (4 g) • evtl. 1 EL heißes Wasser • etwa ½ TL Gyros-Gewürzmischung • Salz • frisch gemahlener Pfeffer • 2 Tomaten (etwa 100 g) • 2 Pita-Brottaschen (je etwa 65 g) • 200 g Zaziki (aus dem Kühlregal) • einige Scheiben Salatgurke (etwa 25 g)

1. Paprikaschoten halbieren, entstielen, entkernen und die weißen Scheidewände entfernen. Schotenhälften abspülen, abtropfen lassen und in kleine Würfel schneiden.

2. Zwiebel und Knoblauch abziehen. Zwiebel erst in Scheiben schneiden, dann in Ringe teilen. Knoblauch fein würfeln.

3. Das Öl in einer beschichteten Pfanne erhitzen. Die Knoblauchwürfel und die Hälfte der Zwiebelringe darin anbraten. Die Paprikawürfel zugeben und kurz unter Rühren anbraten, evtl. noch 1 Esslöffel heißes Wasser zufügen. Paprikagemüse mit Gyros-Gewürzmischung und evtl. mit Salz und Pfeffer abschmecken.

4. Tomaten abspülen, abtrocknen, halbieren und die Stängelansätze herausschneiden. Tomaten in Scheiben schneiden.

5. Pita-Brottaschen im Toaster nach Packungsanleitung toasten. Brottaschen mit Zaziki, Paprikagemüse, Tomaten- und Gurkenscheiben sowie den restlichen Zwiebelringen füllen. Die gefüllten Brottaschen sofort servieren.

Tipps: Kinder mögen manchmal keine Zwiebeln. Dann die Zwiebel weglassen.
Wenn Sie die gefüllten Brottaschen mit zur Arbeit nehmen möchten, dann die Füllung getrennt vom Brot verpacken. Nach Möglichkeit das Brot frisch toasten.

Rezeptabwandlung: Für *Pita-Brote mit Salami* (2 Stück, pro Stück: E: 14 g, F: 11 g, Kh: 37 g, kJ: 1255, kcal: 300, BE: 3,0) 2 grüne Salatblätter abspülen, trocken tupfen und klein zupfen. 3–4 Radieschen (etwa 50 g) putzen, abspülen, trocken tupfen und in Scheiben schneiden. 2 Pita-Brottaschen toasten, mit Salat, 100 g Kräuterquark (aus dem Kühlregal), 4 Scheiben Salami (etwa 40 g), einigen dünnen Scheiben Salatgurke (etwa 35 g) und Radieschen füllen.

Zubereitungszeit: 15 Minuten

2 Portionen • Pro Portion:
E: 22 g, F: 15 g, Kh: 19 g, kJ: 1264, kcal: 302, BE: 1,5

Champignon-Rührei mit Lachs

Richtig schnell

Zutaten: 200 g Champignons • 2 kleine Tomaten (etwa 100 g) • 75 g Räucherlachs • 2 Eier (Größe M) • 3 EL Mineralwasser • Salz • frisch gemahlener Pfeffer • 15 g Butter • 2 Vollkornbrotscheiben (je etwa 45 g) • 1 EL Schnittlauchröllchen

1. Champignons putzen, mit Küchenpapier abreiben, evtl. abspülen, abtropfen lassen und in Scheiben schneiden. Tomaten abspülen, abtrocknen, vierteln und die Stängelansätze herausschneiden. Lachs in Streifen schneiden.

2. Eier mit Wasser verschlagen, mit Salz und Pfeffer würzen. Knapp die Hälfte der Butter in einer kleinen Pfanne zerlassen. Champignons darin kurz anbraten. Verschlagene Eier unter Rühren hinzufügen und stocken lassen.

3. Die Brotscheiben mit der restlichen Butter bestreichen, mit Rührei und Lachsstreifen belegen, mit Schnittlauchröllchen bestreuen. Dazu die Tomatenviertel reichen.

Tipps: Zusätzlich die Brotscheiben mit Schnittlauchhalmen garnieren.
Zum Mitnehmen das Rührei erkalten lassen und die Zutaten getrennt verpackt mitnehmen. Die Tomaten im Ganzen mitnehmen.

Rezeptabwandlung: Für *Champignon-Rührei mit Kräutern* (pro Portion: E: 15 g, F: 13 g, Kh: 19 g, kJ: 1064, kcal: 254, BE: 1,5) den Lachs weglassen. Dafür zusätzlich 2–3 EL fein gehackte, gemischte Kräuter (z. B. Petersilie, Schnittlauch) mit 1 kleinen abgezogenen, fein gehackten Knoblauchzehe unter die verschlagenen Eier rühren. Das Rührei wie beschrieben zubereiten und in der Pfanne stocken lassen.

Zubereitungszeit: 10 Minuten

2 Stück (4 Hälften) • Pro Stück:
E: 24 g, F: 13 g, Kh: 46 g, kJ: 1682, kcal: 402, BE: 3,5

Doppeldecker-Sandwiches

Ganz simpel

Zutaten: 2 kleine Tomaten (etwa 100 g) • 2–3 Blätter Eisbergsalat • ½ Beet Gartenkresse • 6 Scheiben Vollkorn-Sandwichbrot (ersatzweise Vollkorn-Toastbrot) • 4 EL Crème légère (etwa 60 g) • 4 Scheiben Scheibletten-Käse (kalorienreduziert, 25 % Fett i.Tr.) • 4–6 dünne Scheiben Puten-Lachsfleisch (60 g) • 2 TL Tomatenketchup (10 g)

1. Tomaten abspülen, abtrocknen, vierteln und die Stängelansätze herausschneiden. Tomaten entkernen und in Stücke oder Scheiben schneiden.

2. Salatblätter abspülen, trocken tupfen und in feine Streifen schneiden. Kresse abspülen, trocken tupfen und vom Beet scheiden.

3. Die Sandwichscheiben jeweils auf einer Seite mit Crème légère bestreichen. 4 der Scheiben mit jeweils einigen Salatstreifen, Tomatenstücken oder -scheiben, Käse und Lachsfleisch belegen und mit Kresse bestreuen.

4. Jeweils 2 belegte Sandwichscheiben aufeinandersetzen. Die restlichen beiden Sandwichscheiben zusätzlich mit Ketchup bestreichen und mit der Ketchupseite nach unten auf die belegten Scheiben legen.

5. Die Sandwichscheiben leicht zusammendrücken. Die Sandwiches nach Belieben diagonal durchschneiden und in Papierservietten anrichten.

Tipp: Als Pausenbrot zum Mitnehmen die Sandwiches in Frischhaltefolie wickeln.

Rezeptabwandlung: Für *Doppeldecker-Sandwiches mit Frischkäse-Füllung* (2 Stück (4 Hälften), pro Stück: E: 12 g, F: 12 g, Kh: 44 g, kJ: 1389, kcal: 333, BE: 3,5) 30 g Rucola (Rauke) waschen, trocken schleudern und in grobe Stücke zupfen. 2 Frühlingszwiebeln (etwa 100 g) putzen, abspülen, abtropfen lassen und in feine Ringe schneiden. Beides mit 100 g Frischkäse (maximal 16 % Fett) verrühren. Nach Belieben mit Salz und Pfeffer abschmecken. Vier der Sandwichscheiben damit bestreichen und jeweils 2 Scheiben aufeinandersetzen. Die beiden restlichen Scheiben darauflegen, leicht andrücken und nach Belieben diagonal halbieren.

Zubereitungszeit: 20 Minuten

2 Portionen • Pro Portion:
E: 21 g, F: 6 g, Kh: 59 g, kJ: 1685, kcal: 403, BE: 3,0

Gemüseteller mit Schnittlauch-Dip

Fast schon ein Klassiker

Zutaten: 2 kleine Kohlrabi (je etwa 150 g) • ½ Salatgurke (etwa 175 g) • 5 Möhren (etwa 500 g) • je 1 rote und grüne Paprikaschote (je etwa 200 g)
Für den Dip: 250 g Joghurt (3,5 % Fett) • 100 g Magerquark • 1 TL mittelscharfer Senf (5 g) • Salz • frisch gemahlener Pfeffer • 1 Bund Schnittlauch
Außerdem: 2 Roggenbrötchen (je etwa 65 g)

1. Kohlrabi schälen, abspülen und abtropfen lassen. Gurke abspülen, abtrocknen und das Ende abschneiden. Kohlrabi und Gurke in Scheiben schneiden. Möhren putzen, schälen, abspülen und abtropfen lassen. Dickere Möhren längs vierteln.

2. Paprikaschoten halbieren, entstielen, entkernen und die weißen Scheidewände entfernen. Schotenhälften abspülen, abtropfen lassen und in Streifen schneiden. Klein geschnittenes Gemüse dekorativ anrichten.

3. Für den Dip Joghurt mit Quark und Senf verrühren, mit Salz und Pfeffer abschmecken. Schnittlauch abspülen, trocken tupfen und in kleine Röllchen schneiden. Schnittlauchröllchen unter den Dip rühren. Gemüse mit dem Dip und den Brötchen servieren.

Ernährungstipp: Gemüse sollte in einer ausgewogenen Ernährung der wichtigste Bestandteil sein, denn es verfügt über einen hohen Gehalt an Vitaminen, Mineralstoffen und Spurenelementen, sekundären Pflanzenstoffen und Ballaststoffen. Dabei ist es durch seinen hohen Wassergehalt auch noch sehr kalorienarm.

Rezeptabwandlung:
Für Fleischliebhaber dazu 2 Scheiben gekochten Schinken (je 50 g, zusätzlich pro Portion: E: 11 g, F: 2 g, Kh: 0 g, kJ: 262, kcal: 63, BE: 0,0) oder 6 Scheiben Lachsschinken (je 10 g, zusätzlich pro Portion: E: 5 g, F: 1 g, Kh: 0 g, kJ: 146, kcal: 35, BE: 0,0) reichen.

Zubereitungszeit: 25 Minuten

8 Stück

Pro Stück Hot-Taco-Wrap:
E: 16 g, F: 5 g, Kh: 29 g, kJ: 984, kcal: 235, BE: 2,0
Pro Stück Hähnchen-Wrap:
E: 10 g, F: 4 g, Kh: 33 g, kJ: 898, kcal: 215, BE: 2,5
Pro Stück Mozzarella-Tomaten-Wrap:
E: 17 g, F: 15 g, Kh: 24 g, kJ: 1294, kcal: 309, BE: 2,0

Buntes Wrap-Einander

Nicht nur bei Kindern beliebt

Zutaten: 8 Blätter Eisbergsalat • 3 Möhren (etwa 300 g) • 8 Wraps (Tortilla-Weizenmehl-Fladen, je etwa 45 g) • 8 EL Crème légère mit frischen Kräutern (125 g) • Salz • Pfeffer
Außerdem: 6 Aprikosenhälften (aus der Dose) • Currypulver • 6 Scheiben Hähnchenaufschnitt (etwa 75 g) • 1 gelbe Paprikaschote (etwa 200 g) • 3 EL Taco-Sauce (Fertigprodukt, etwa 40 g) • 3 dünne Scheiben gekochter Schinken (etwa 150 g) • 2 kleine Tomaten (etwa 100 g) • 125 g Mozzarella-Käse

1. Salatblätter abspülen und trocken tupfen. Möhren putzen, schälen, abspülen, trocken tupfen und grob raspeln. Die Wraps auf der Arbeitsfläche auslegen. Jeden Fladen mit 1 Esslöffel Crème légère bestreichen, mit Salz und Pfeffer bestreuen.

2. Für die Hähnchen-Wraps Aprikosen gut abtropfen lassen, Aprikosen fein würfeln. 3 Wraps jeweils mit etwas Curry bestreuen. Je 1 Salatblatt, den Hähnchenaufschnitt, die Aprikosen und die Hälfte der Möhrenraspel darauf verteilen.

3. Für die Hot-Taco-Wraps Paprika halbieren, entstielen, entkernen und die weißen Scheidewände herausschneiden. Schotenhälften abspülen, trocken tupfen und in feine Streifen schneiden. 3 Wraps mit der Taco-Sauce bestreichen und mit je 1 Salatblatt, Schinken, Paprika und den restlichen Möhrenraspeln belegen.

4. Für die Mozzarella-Tomaten-Wraps Tomaten abspülen, abtrocknen, halbieren und die Stängelansätze herausschneiden. Tomaten entkernen. Das Fruchtfleisch in Würfel schneiden. Mozzarella abtropfen lassen und in dünne Scheiben schneiden. Die restlichen beiden Wraps mit je 1 Salatblatt, Tomatenwürfeln und Mozzarella-Scheiben belegen.

5. Die Wraps fest aufrollen, evtl. schräg halbieren und fest in Butterbrotpapier wickeln.

Ernährungstipp: Wer Kalorien sparen möchte, nimmt statt des klassischen Mozzarellas die Light-Version. Dann reduziert sich die Kalorienmenge auf 265 kcal/pro Mozzarella-Tomaten-Wrap.

Tipp: Die fertigen Wraps aus der Packung schmecken auch prima, wenn man sie nacheinander in einer heißen Pfanne ohne Fett je Seite etwa 1 Minute bei mittlerer Hitze röstet. Dann sofort füllen und genießen.

Zubereitungszeit: 10 Minuten

2 Portionen • Pro Portion:
E: 22 g, F: 8 g, Kh: 43 g, kJ: 1381, kcal: 330, BE: 3,5

Lachsbrot mit Gurke

Beliebt – zum Mitnehmen

Tipp: Wer den typischen scharfen Meerrettichgeschmack nicht mag, kann die Brote mit 2 gehäuften Teelöffeln (etwa 15 g) Joghurt-Salat-Creme bestreichen.

Ernährungstipp: Vollkornbrot ist Broten aus Weiß- oder Auszugsmehl vorzuziehen, da es durch seinen höheren Gehalt an Ballast- und Mineralstoffen zu einer gesunden Ernährung beiträgt.

Zutaten: 1 kleiner Apfel (etwa 125 g, möglichst mit roter Schale) 100 g Salatgurke • 4 Salatblätter, z. B. Kopf- oder Eichblattsalatblätter • 4 Vollkornbrotscheiben (je 45 g) • 2 geh. TL geriebener Meerrettich (aus dem Glas, etwa 16 g) • 150 g Räucherlachs in Scheiben • 1–2 Stängel Dill • frisch gemahlener Pfeffer

1. Apfel, Gurke und Salatblätter abspülen und trocken tupfen. Apfel vierteln, entkernen und in dünne Spalten schneiden. Gurke in dünne Scheiben schneiden.

2. Brotscheiben mit Meerrettich bestreichen. 2 bestrichene Brotscheiben mit Salatblättern, Lachsscheiben, Apfelspalten und Gurkenscheiben belegen. Dill abspülen, trocken tupfen und die Spitzen von den Stängeln zupfen, grob hacken. Brote mit Dill und Pfeffer bestreuen, mit den restlichen Brotscheiben zudecken.

Zubereitungszeit: 5 Minuten

2 Portionen • Pro Portion:
E: 21 g, F: 5 g, Kh: 37 g, kJ: 1177, kcal: 281, BE: 3,0

Forellenfilet in Vollkornbrot

Einfach und lecker

Rezeptabwandlung: Statt geräuchertem Forellenfilet kann man auch die gleiche Menge geräucherte Makrele verwenden. Makrelenfilet ist zwar fetter als Forelle, enthält dafür mehr ungesättigte Fettsäuren. (Pro Portion *Makrelenfilet in Vollkornbrot:* E: 20 g, F: 10 g, Kh: 37 g, kJ: 1374, kcal: 328, BE: 3,0).

Zutaten: 2 Salatblätter, z. B. Kopf- oder Römersalatblätter • 2 geräucherte Forellenfilets (je 60–70 g) • 2 große Gewürzgurken (je 100 g) • 4 Vollkornbrotscheiben (je 45 g) • 2 geh. TL geriebener Meerrettich (aus dem Glas, etwa 16 g) • frisch gemahlener Pfeffer

1. Salatblätter waschen und trocken tupfen. Forellenfilets in Stücke teilen. Gewürzgurken längs in 3–4 Scheiben schneiden.

2. Brotscheiben dünn mit Meerrettich bestreichen. Zwei Brotscheiben mit Salatblättern, Fischfiletstücken und Gurkenscheiben belegen. Alles mit Pfeffer bestreuen und mit den restlichen Brotscheiben zudecken, leicht andrücken.

Zubereitungszeit: 20 Minuten

4 Portionen • Pro Portion:
E: 7 g, F: 14 g, Kh: 29 g, kJ: 1168, kcal: 280, BE: 2,5

Toscana-Kartoffel-Salat

Besonders schnell – pikant

Für die Sauce: 175 ml heiße Gemüsebrühe • 3–3½ EL Zitronensaft • 2½ EL Olivenöl (25 g) • Salz • frisch gemahlener Pfeffer • 1 Prise Zucker
Zutaten: 750 g gegarte, mittelgroße Pellkartoffeln (vom Vortag) • 300 g gemischte Antipasti (z. B. Paprika, Tomaten, Zucchini, Zwiebeln, aus dem Kühlregal oder der Kühltheke) • etwa 6 Stängel Basilikum • 40 g frisch geraspelter Parmesan-Käse

1. Für die Sauce Brühe mit Zitronensaft in einer großen Salatschüssel verrühren. Olivenöl unterschlagen. Sauce mit Salz, Pfeffer und Zucker würzen.

2. Pellkartoffeln pellen, in Spalten schneiden und unter die Sauce mischen. Den Salat etwa 5 Minuten durchziehen lassen, dabei gelegentlich umrühren.

3. Antipasti-Gemüse in einem Sieb abtropfen lassen. Größere Stücke evtl. klein schneiden. Antipasti-Gemüse unter den Kartoffelsalat heben. Salat mit Salz und Pfeffer abschmecken.

4. Basilikum abspülen und trocken tupfen. Die Blättchen von den Stängeln zupfen. Blättchen evtl. in grobe Streifen schneiden. Den Salat mit geraspeltem Parmesan-Käse und Basilikum bestreuen.

Tipps: Zum Mitnehmen den Salat und Käse getrennt verpacken.
Die Pellkartoffeln am Vortag garen, abgießen und kalt stellen. Wer es besonders eilig hat, kann auch vorgegarte Pellkartoffeln aus dem Kühlregal nehmen.

Einkaufstipp: Für Pellkartoffeln eignen sich am besten vorwiegend festkochende oder festkochende Kartoffelsorten.

Rezeptabwandlung:
Für einen *Bohnen-Kartoffel-Salat* (pro Portion: E: 9 g, F: 10 g, Kh: 29 g, kJ: 1027, kcal: 246, BE: 2,5) statt der gemischten Antipasti die gleiche Menge TK-Brechbohnen verwenden. Dann zuerst die Bohnen nach Packungsanleitung garen, abgießen und etwas abkühlen lassen.

Zubereitungszeit: 25 Minuten

2 Portionen • Pro Portion:
E: 40 g, F: 7 g, Kh: 14 g, kJ: 1183, kcal: 282, BE: 0,5

Hähnchenfilet auf buntem Gemüse

Beliebt – einfach

Zutaten: 2 Hähnchenbrustfilets (je etwa 150 g) • Salz • frisch gemahlener Pfeffer • 1 EL Olivenöl (10 g) • 1 Knoblauchzehe • 1 Zwiebel • 1 gelbe Paprikaschote (etwa 200 g) • 1 Aubergine (etwa 400 g) • 3–4 Tomaten (etwa 200 g) • 4 Stängel Majoran oder Basilikum • 1 TL Weißweinessig (etwa 5 g) • ½ TL Zucker (etwa 3 g) • 1 TL getrocknete oder TK-Kräuter der Provence

1. Hähnchenbrustfilets unter fließendem kalten Wasser abspülen, trocken tupfen, mit Salz und Pfeffer bestreuen. Olivenöl in einer beschichteten Pfanne erhitzen. Hähnchenfilets darin rundherum gut anbraten, dann bei mittlerer bis starker Hitze etwa 10 Minuten garen, dabei 1–2 mal wenden.

2. In der Zwischenzeit Knoblauch und Zwiebel abziehen und fein würfeln. Paprikaschote halbieren, entstielen, entkernen und die weißen Scheidewände entfernen. Schotenhälften abspülen, abtropfen lassen und in dünne Streifen schneiden.

3. Aubergine und Tomaten abspülen und abtrocknen. Von der Aubergine das Ende abschneiden. Aubergine in kleine Würfel schneiden. Tomaten vierteln und die Stängelansätze herausschneiden. Tomaten in Stücke schneiden. Kräuter abspülen, trocken tupfen und die Blättchen von den Stängeln zupfen.

4. Hähnchenbrustfilets aus der Pfanne nehmen und warm stellen.

5. Knoblauch- und Zwiebelwürfel im Bratensatz andünsten. Vorbereitetes Gemüse hinzufügen, unter Rühren kurz anbraten. Dann zugedeckt 5–8 Minuten garen, dabei gelegentlich umrühren. Gemüse mit Essig, Zucker, Kräutern der Provence, Salz und Pfeffer würzen. Kräuterblättchen unterrühren.

6. Warm gestelltes Hähnchenbrustfilet in Scheiben schneiden und auf dem Gemüse anrichten.

Titelrezept: *Hähnchenfilet mit Tomatensauce*
Dafür das Hähnchenbrustfilet wie beschrieben zubereiten und warm stellen. Eine fein gewürfelte Zwiebel im Bratensatz andünsten. Etwa 75 g fein gewürfelte, rote Paprikaschote und etwa 50 g fein gewürfelte Möhren hinzugeben, mit andünsten. Dann 400 g gehäute, gewürfelte Tomaten und 1–2 in feine Streifen geschnittene kleine Gewürzgurken (etwa 20 g) unterrühren. Die Sauce zugedeckt etwa 3 Minuten garen, mit Salz, Pfeffer, Cayennepfeffer und Majoran würzen. (Pro Portion: E: 39 g, F: 7 g, Kh: 11 g, kJ: 1107, kcal: 264, BE: 0,0).

Beilagentipp: Reichen Sie Nudeln dazu. 125 g Nudeln nach Packungsanleitung zubereiten (zusätzlich pro Portion: E: 7 g, F: 1 g, Kh: 44 g, kcal: 910, kJ: 218, BE: 3,5).

Ernährungstipp: Hähnchenbrustfilet (ohne Haut) ist relativ eiweißreich und gleichzeitig fettarm. Es sollte, wie jedes andere Geflügelfleisch, nur gut durchgegart verzehrt werden.

Zubereitungszeit: 30 Minuten

2 Portionen • Pro Portion:
E: 42 g, F: 7 g, Kh: 47 g, kJ: 1779, kcal: 424, BE: 3,0

Medaillons auf Bohnen-Tomaten-Gemüse

Gelingt leicht

Zutaten: 100 g Naturreis • 3 Stängel Thymian • 150 ml Gemüsebrühe • 300 g grüne TK-Bohnen • 1 Lorbeerblatt • 2 Schalotten • 1 Knoblauchzehe • 4–5 Tomaten (etwa 250 g) • 300 g Schweinefilet • Salz • frisch gemahlener Pfeffer • 1 TL Speiseöl (z. B. Olivenöl, 4 g)

1. Naturreis nach Packungsanleitung zubereiten.

2. In der Zwischenzeit Thymianstängel abspülen und trocken tupfen. Gemüsebrühe in einem Topf zum Kochen bringen. Bohnen, Lorbeerblatt und Thymianstängel hinzufügen, etwa 10 Minuten garen.

3. Schalotten und Knoblauch abziehen, fein würfeln. Tomaten abspülen, abtrocknen, vierteln und die Stängelansätze herausschneiden.

4. Schweinefilet mit Küchenpapier trocken tupfen, evtl. entsehnen und entfetten, in 4 Scheiben schneiden. Filetscheiben von beiden Seiten mit Salz und Pfeffer bestreuen.

5. Olivenöl in einer beschichteten Pfanne erhitzen. Die Fleischstücke darin von beiden Seiten je etwa 5 Minuten braten, herausnehmen und warm stellen.

6. Schalotten- und Knoblauchwürfel im Bratensatz anbraten. Tomatenviertel hinzufügen und kurz mitbraten. Die Bohnen mit der Brühe hinzufügen und unterrühren. Bohnen-Tomaten-Gemüse einmal kurz aufkochen lassen, mit Salz und Pfeffer abschmecken.

7. Den gegarten Reis evtl. abgießen. Medaillons auf Bohnen-Tomaten-Gemüse anrichten und zum Reis servieren.

Ernährungstipp: Schweinefleisch und Naturreis sind gute Vitamin-B_1-Lieferanten. Dieses Vitamin ist für unseren Energiestoffwechsel sehr wichtig. Da der Körper dieses Vitamin nicht über einen längeren Zeitraum speichern kann, ist eine regelmäßige Zufuhr wichtig.

Tipp: Wer mag, schmeckt das Tomaten-Bohnen-Gemüse zusätzlich mit etwas Bohnenkraut, welches leicht pfeffrig schmeckt, ab.

Zubereitungszeit: 30 Minuten

3–4 Portionen • Pro Portion:
E: 48 g, F: 15 g, Kh: 28 g, kJ: 1884, kcal: 451, BE: 2,0

Putengulasch mit Sauerkraut und Möhre

Etwas aufwendiger

Für das Gulasch: 600 g Putenbrustfilet • 1 Zwiebel • 4 Möhren (etwa 400 g) • 2 EL Sonnenblumenöl (20 g) • Salz • Pfeffer • Paprikapulver edelsüß • 1 Dose Sauerkraut (Einwaage 850 g) • 1 Lorbeerblatt • 250 ml (¼ l) Gemüsebrühe • 1 kleiner Apfel (etwa 150 g, möglichst rotschalig)
Für das Kartoffelpüree: 1 Beutel Instant-Kartoffelpüree (für 500 ml [½ l] Flüssigkeit) • 375 ml (⅜ l) Wasser • etwa ½ TL Salz • 125 ml (⅛ l) Milch • 20 g Butter oder Margarine • 1 EL gehackte TK-Petersilie • frisch geriebene Muskatnuss

1. Putenbrustfilet unter fließendem kalten Wasser abspülen und trocken tupfen. Filet in etwa 2 cm große Würfel schneiden. Zwiebel abziehen und fein würfeln. Möhren putzen, schälen, abspülen und abtropfen lassen. Möhren schräg in dünne Scheiben schneiden.

2. Öl in einer großen Pfanne erhitzen. Filetwürfel darin unter gelegentlichem Rühren anbraten, mit Salz, Pfeffer und Paprika würzen. Fleischwürfel aus der Pfanne nehmen und beiseitestellen.

3. Zwiebelwürfel und Möhrenscheiben im verbliebenen Bratfett unter gelegentlichem Rühren bei mittlerer Hitze etwa 3 Minuten andünsten. Sauerkraut und Lorbeerblatt hinzufügen. Gemüsebrühe hinzugießen, alles verrühren und aufkochen lassen.

4. Die beiseite gestellten Fleischwürfel wieder in die Pfanne geben. Das Gulasch etwa 15 Minuten bei mittlerer Hitze zugedeckt köcheln lassen, bis das Fleisch gar ist.

5. In der Zwischenzeit das Kartoffelpüree nach Packungsanleitung mit Wasser, Salz, Milch, Butter oder Margarine zubereiten. Zum Schluss Petersilie unterrühren. Das Püree evtl. mit Salz und Muskatnuss abschmecken.

6. Apfel abspülen, abtrocknen, vierteln, entkernen und in dünne Spalten schneiden. 5 Minuten vor dem Ende der Gulaschgarzeit zum Gulasch geben und vorsichtig unterrühren. Gulasch zugedeckt zu Ende garen. Das Lorbeerblatt entfernen. Putengulasch mit Salz und Pfeffer abschmecken, mit Kartoffelpüree servieren.

Ernährungstipp: Ganz gleich, ob wir uns bewegen, still sitzen oder sogar tief schlafen – unser Körper braucht immer Energie. Diese holen wir uns aus den verschiedenen Lebensmitteln, in denen die Nährstoffe in unterschiedlichen Mengen vorliegen.
Putenbrustfilets sind mager und liefern gut verwertbares tierisches Eiweiß. Sauerkraut hat fast kein Fett, aber viele Mineralstoffe und auch Vitamine. Das Kartoffelpüree versorgt uns mit Kohlenhydraten.

Zubereitungszeit: 30 Minuten

4 Portionen • Pro Portion:
E: 39 g, F: 22 g, Kh: 29 g, kJ: 1987, kcal: 475, BE: 2,0

Schweinesteak mit Tomaten-Oliven-Gemüse

Darüber freuen sich auch Gäste

Zutaten: 4 kleine Schweinesteaks (je etwa 125 g, Minuten- oder Schmetterlingssteaks) • 1 Knoblauchzehe • 1½ EL Zitronensaft • 2 geh. TL scharfer Senf (etwa 15 g) • Salz • frisch gemahlener Pfeffer • 2 EL Sonnenblumenöl (20 g) • 3 Zwiebeln (etwa 150 g) • 4 Tomaten (etwa 400 g) • 2 Dosen Kichererbsen (Abtropfgewicht je 265 g) • 6 Stängel glatte Petersilie • 75 g schwarze entsteinte Oliven, trocken eingelegt • etwa 1 EL Zitronensaft

1. Schweinesteaks mit Küchenpapier trocken tupfen. Knoblauch abziehen und durch eine Knoblauchpresse drücken. Zitronensaft mit Senf und Knoblauch verrühren, mit Salz und Pfeffer würzen. Steaks von beiden Seiten mit der Senfmischung bestreichen.

2. Öl in einer großen Pfanne erhitzen. Die Steaks darin von beiden Seiten bei mittlerer bis starker Hitze jeweils 4–5 Minuten braten. Die Steaks aus der Pfanne nehmen.

3. In der Zwischenzeit Zwiebeln abziehen und in dünne Spalten oder Ringe schneiden. Tomaten abspülen, abtrocknen, halbieren und die Stängelansätze herausschneiden. Tomaten in Spalten schneiden. Kichererbsen in einem Sieb gut abtropfen lassen.

4. Die Zwiebelspalten oder -ringe in dem verbliebenen Bratfett bei mittlerer Hitze in 2–3 Minuten unter gelegentlichem Rühren andünsten. Tomatenspalten und abgetropfte Kichererbsen hinzufügen, mit Salz und Pfeffer würzen. Das Gemüse zugedeckt bei mittlerer Hitze etwa 10 Minuten garen, dabei ab und zu umrühren.

5. Inzwischen Petersilie abspülen, trocken tupfen und die Blättchen von den Stängeln zupfen. Petersilie fein hacken. Oliven und Petersilie zum Gemüse geben und unterrühren. Das Gemüse mit Salz, Pfeffer und etwas Zitronensaft abschmecken.

6. Angebratene Steaks auf das Gemüse legen und zugedeckt bei mittlerer Hitze noch 4–5 Minuten darin erwärmen. Die Steaks mit dem Gemüse anrichten.

Ernährungstipp: Kichererbsen stecken voll mit biologisch gut verwertbaren Eiweißen und Ballaststoffen. In Kombination mit fettarmen Fleisch und anderen Gemüsesorten sind sie ein Beispiel für eine ausgewogene Ernährung.

Tipp: Braten Sie die Steaks in einer Grillpfanne. Dann brauchen nur die Rippen der Grillpfanne mit etwas Speiseöl bestrichen zu werden.

Zubereitungszeit: 30 Minuten

4 Portionen • Pro Portion:
E: 33 g, F: 13 g, Kh: 41 g, kJ: 1748, kcal: 418, BE: 3,0

Pilzpfanne mit Rinderfilet

Etwas teurer

Zutaten: 200 g Spätzle oder Nudeln • 600 g Austernpilze • 1 Bund Frühlingszwiebeln (etwa 300 g) • 8–10 Stängel Thymian • 400 g Rinderfilet • 2 EL Olivenöl (20 g) • Salz • frisch gemahlener Pfeffer • 1 Msp. gemahlener Piment • 100 g saure Sahne (10 % Fett) • etwas Paprikapulver edelsüß zum Bestreuen

1. Spätzle oder Nudeln nach Packungsanleitung zubereiten, in ein Sieb abgießen, kurz mit heißem Wasser abspülen, abtropfen lassen und evtl. warm stellen.

2. In der Zwischenzeit Pilze putzen, evtl. mit Küchenpapier abreiben und in Streifen schneiden. Frühlingszwiebeln putzen, abspülen, abtropfen lassen und in dünne Ringe schneiden. Thymian abspülen, trocken tupfen und die Stängel etwas kleiner schneiden oder die Blättchen von den Stängeln zupfen.

3. Rinderfilet mit Küchenpapier trocken tupfen und in etwa 1 cm dicke Scheiben schneiden.

4. Olivenöl in einer großen, beschichteten Pfanne erhitzen. Die Filetscheiben darin evtl. portionsweise von beiden Seiten je etwa 2 Minuten braten. Filetscheiben aus der Pfanne nehmen, mit Salz und Pfeffer bestreuen und warm stellen.

5. Pilzstreifen und Frühlingszwiebelringe in die Pfanne geben und unter Rühren im verbliebenen Bratfett anbraten. 2 Esslöffel Wasser hinzufügen. Das Ganze etwa 3 Minuten unter Rühren garen. Pilzmischung mit Piment und Salz würzen.

6. Saure Sahne unterrühren. Filet mit der Pilzpfanne, Spätzle oder Nudeln servieren. Die Pilzpfanne mit Thymian garnieren. Die Nudeln oder Spätzle mit etwas Paprikapulver bestreuen.

Ernährungstipp: Rinderfilet ist besonders zartes und mageres Fleisch. Für unsere Ernährung kann Rindfleisch ein wichtiger Eisenlieferant sein. Eisenmangel beeinträchtigt unsere Leistungsfähigkeit und unser Immunsystem.

Warenkunde: Piment, auch Nelkenpfeffer genannt, hat einen nelken- und zimtartigen Duft und einen leicht scharfen Geschmack.

Rezeptabwandlung:
Bereiten Sie statt normaler Spätzle oder Nudeln Vollkornspätzle oder Vollkornnudeln zu.

Zubereitungszeit: 30 Minuten
Garzeit für den Fisch: 15–18 Minuten

4 Portionen • Pro Portion:
E: 35 g, F: 9 g, Kh: 34 g, kJ: 1565, kcal: 374, BE: 2,5

Kräuter-Schollen-Filets auf Tomaten

Etwas teurer

Zutaten: 1 kg festkochende Kartoffeln • 1 TL Salz • 1 Bund Kerbel • 1 Bund glatte Petersilie • 2 Stängel Dill • 8 Schollenfilets (oder aufgetaute TK-Schollenfilets, je etwa 80 g) • Saft von ½ Zitrone • frisch gemahlener Pfeffer • 500 g Mini-Rispen-Tomaten • 30 g Kräuterbutter • 2–3 EL Gemüsebrühe
Außerdem: evtl. 8 Holzstäbchen

1. Den Backofen vorheizen.
Ober-/Unterhitze: etwa 200 °C
Heißluft: etwa 180 °C

2. Kartoffeln schälen, abspülen und abtropfen lassen. Die Kartoffeln in einen Topf geben und so viel Wasser hinzufügen, dass die Kartoffeln knapp bedeckt sind. Kartoffeln zugedeckt zum Kochen bringen. Salz hinzugeben. Die Kartoffeln zugedeckt in 20–25 Minuten gar kochen.

3. Inzwischen Kerbel, Petersilie und Dill abspülen und trocken tupfen. Die Blättchen und Spitzen von den Stängeln zupfen. Blättchen und Spitzen fein hacken. Kräuter vermischen.

4. Schollenfilets unter fließendem kalten Wasser abspülen, trocken tupfen, von beiden Seiten mit Zitronensaft beträufeln, mit Salz und Pfeffer würzen. Die Fischfilets auf der Arbeitsfläche auslegen. Die Hälfte der Kräuter daraufstreuen. Fischfilets aufrollen, evtl. mit Holzstäbchen feststecken.

5. Tomaten abspülen, trocken tupfen und vierteln, dabei evtl. die Stängelansätze herausschneiden. Tomaten in eine Auflaufform (gefettet) geben, mit Salz und Pfeffer kräftig würzen. Die Hälfte der restlichen Kräuter daraufstreuen.

6. Die Schollenfiletröllchen daraufsetzen und mit den restlichen Kräutern bestreuen. Kräuterbutter in Flöckchen auf die Fischfilets setzen. Gemüsebrühe zugeben. Die Form auf dem Rost im unteren Drittel in den vorgeheizten Backofen schieben. Die Fischröllchen 15–18 Minuten garen.

7. Kartoffeln abgießen, zu den Kräuter-Schollen-Filets servieren.

Ernährungstipp: Schollenfilet zählt zu den mageren Fischfilets (100 g Schollenfilet enthält nur etwa 2 g Fett, aber etwa 17 g Eiweiß). Die Scholle gehört zu den bekanntesten Vertretern der sogenannten Plattfische.
Die Kräuterbutter verhindert in diesem Rezept, dass der Fisch zu trocken wird. Außerdem harmoniert sie prima mit den Tomaten und hilft uns fettlösliche Vitamine aufzunehmen.

Tipps: Frisches Schollenfilet ist meist länger und dünner geschnitten als TK-Filets. Sie lassen sich daher leicht aufrollen. TK-Schollenfilets stattdessen einfach zusammenklappen und mit Holzstäbchen feststecken.
Statt Schollenfilets können Sie auch Atlantik-Seezungen- oder Seelachsfilets verwenden.
Noch schneller geht es, wenn Sie statt frischer Kräuter 50 g TK-Kräuter verwenden.

Zubereitungszeit: 30 Minuten

4 Portionen • Pro Portion:
E: 36 g, F: 12 g, Kh: 38 g, kJ: 1731, kcal: 413, BE: 3,0

Seelachs auf Zitronenspinat mit Möhrenreis

Nicht nur für freitags

Zutaten: 600 g TK-Blattspinat • 200 ml Gemüsebrühe • Salz • frisch geriebene Muskatnuss • 4 Möhren (etwa 400 g) • 1 Zitrone • 600 g Seelachsfilet oder 4 Seelachsfilets (je etwa 150 g) • frisch gemahlener Pfeffer • 10 g zerlassene Butter • 2 EL Speiseöl (z. B. Sonnenblumenöl, 20 g) • 160 g Langkornreis • 1 Zitrone • 400 ml Gemüsebrühe

1. Den Backofen vorheizen.
Ober-/Unterhitze: etwa 200 °C
Heißluft: etwa 180 °C

2. Spinat mit der Brühe in einem Topf unter gelegentlichem Rühren bei mittlerer Hitze erwärmen, bis der Spinat aufgetaut ist. Spinat mit Salz und Muskat würzen.

3. In der Zwischenzeit Möhren putzen, schälen, abspülen, abtropfen lassen und fein würfeln. Zitrone so schälen, dass die weiße Haut mit entfernt wird und in Scheiben schneiden.

4. Spinat in einer großen Auflaufform (gefettet) verteilen. Zitronenscheiben darauflegen.

5. Fischfilet unter fließendem kalten Wasser abspülen, trocken tupfen, mit Salz und Pfeffer bestreuen und in die Auflaufform legen. Den Fisch mit zerlassener Butter bestreichen.

6. Die Form auf dem Rost im unteren Drittel in den vorgeheizten Backofen schieben. Seelachs auf Spinat etwa 15 Minuten garen.

7. Öl in einem Topf erhitzen. Möhrenwürfel und Reis hinzufügen, unter Rühren bei mittlerer Hitze kurz andünsten. Zitrone halbieren und auspressen. Brühe mit Zitronensaft verrühren, zur Möhren-Reis-Mischung gießen, unter gelegentlichem Rühren zum Kochen bringen. Den Reis bei schwacher Hitze zugedeckt in etwa 15 Minuten ausquellen lassen.

8. Seelachs mit Zitronenspinat und Möhrenreis servieren.

Ernährungstipp: Seelachs gehört in der Gruppe der Salzwasserfische zu den fettarmen Fischen. 100 g von seinem Filet haben nur knapp 1 g Fett. So ist er gut für eine fettarme Ernährung geeignet.
Das Spurenelement Jod, welches die Funktion der Schilddrüse unterstützt, können wir mit dem Verzehr von Seelachs zu uns nehmen.

Tipps: Statt Seelachsfilet können Sie auch Kabeljaufilet verwenden. Zum Garen braucht es 3–5 Minuten länger.
Nach Belieben können Sie das Gericht zusätzlich mit Zitronenschalenstreifen garnieren. Dazu eine unbehandelte Bio-Zitrone einkaufen. Diese vor dem Schälen heiß abwaschen und abtrocknen. Die dünn abgeschälte Schale in feine Streifen schneiden.

Zubereitungszeit: 20 Minuten

2 Portionen • Pro Portion:
E: 42 g, F: 15 g, Kh: 26 g, kJ: 1758, kcal: 420, BE: 2,0

Lachswürfel auf Erbsenpüree

Auch optisch ein Hochgenuss

Zutaten: 400 g TK-Erbsen • Salz • ½ Bund Minze • frisch gemahlener Pfeffer
Für die Lachswürfel: 300 g Lachsfilet • 1 Knoblauchzehe • 1 EL Speiseöl (z. B. Sonnenblumenöl, 10 g) • Saft von 1 Zitrone

1. Erbsen nach Packungsanleitung in etwas Salzwasser garen, bis sie weich sind.

2. In der Zwischenzeit Minze abspülen und trocken tupfen. Einige Minzeblättchen zum Garnieren beiseitelegen. Restliche Blättchen von den Stängeln zupfen und in feine Streifen schneiden.

3. Erbsen abgießen, dabei etwa 2 Esslöffel des Kochwassers auffangen und 1 Esslöffel Erbsen zum Garnieren beiseitestellen. Restliche Erbsen mit dem aufgefangenen Kochwasser in einen hohen Rührbecher geben. Die Erbsen grob pürieren. Erbsenpüree mit Salz und Pfeffer würzen. Das Püree zugedeckt warm stellen.

4. Für die Lachswürfel Lachsfilet unter fließendem kalten Wasser abspülen, trocken tupfen und in etwa 2 cm große Würfel schneiden. Knoblauch abziehen und in Scheiben schneiden.

5. Öl in einer beschichteten Pfanne erhitzen. Knoblauch darin anbraten, dann die Lachswürfel hinzugeben und unter mehrmaligem Wenden etwa 3 Minuten kräftig anbraten. Die Lachswürfel mit Salz und Pfeffer würzen, mit Zitronensaft beträufeln und auf Küchenpapier gut abtropfen lassen.

6. Die Minzestreifen unter das warm gestellte Erbsenpüree rühren. Das Püree auf Tellern verteilen. Die Lachswürfel daraufsetzen, mit den beiseite gelegten Minzeblättern und gegarten Erbsen garnieren.

Ernährungstipp: Die Zufuhr von Omega-3-Fettsäuren ist für unseren Körper sehr wichtig, da wir diese nicht selber bilden können. Lachs ist ein guter Lieferant dieser essentiellen Fettsäure, die uns unter anderem vor Herz-Kreislauf-Erkrankungen schützen kann.
Lachs mit Erbsenpüree, diese Kombination ist eine gute Eiweiß- und Ballaststoffquelle.

Tipps: Das Gericht eignet sich auch gut als Vorspeise für 4 Personen. Besonders dekorativ sieht es dann aus, wenn Sie das Gericht mit gebratenen Chilischoten anrichten. Für die Vorspeisenteller 2 rote Chilischoten abspülen, abtrocknen und vorsichtig längs halbieren, dass der Stiel mit dran bleibt. Dann die Chilihälften mit dem Knoblauch im Öl anbraten.

Zubereitungszeit: 25 Minuten
Garzeit: etwa 15 Minuten

4 Portionen • Pro Portion:
E: 30 g, F: 11 g, Kh: 6 g, kJ: 1031, kcal: 245, BE: 0,0

Tomatenfisch auf Gurkengemüse
Aus dem Backofen

Zutaten: 4 Stücke Pangasius- oder Seelachsfilets (je etwa 150 g) • 1 Zwiebel • 1 Knoblauchzehe • 2 Tomaten (etwa 200 g) • 2 Salatgurken (etwa 800 g) • 2 EL Speiseöl (z. B. Sonnenblumenöl, 20 g) • Salz • frisch gemahlener Pfeffer • 40 g geriebener Parmesan-Käse • einige Dillspitzen zum Garnieren
Außerdem: Bratfolienschlauch (etwa 60 cm)

1. Den Backofen vorheizen.
Ober-/Unterhitze: etwa 200 °C
Heißluft: etwa 180 °

2. Filets unter fließendem kalten Wasser abspülen und trocken tupfen. Zwiebel und Knoblauch abziehen, fein würfeln. Tomaten abspülen, abtrocknen und die Stängelansätze herausschneiden. Tomaten in Scheiben schneiden.

3. Gurken schälen oder abspülen und abtrocknen, die Enden abschneiden. Gurken längs halbieren. Kerne mit einem Teelöffel herausschaben. Gurken in schmale Streifen schneiden.

4. Öl in einem Topf erhitzen. Zwiebel- und Knoblauchwürfel darin andünsten. Gurkenstreifen hinzufügen, kurz mitdünsten, dabei ab und zu umrühren. Gurkengemüse mit Salz und Pfeffer würzen.

5. Bratfolienschlauch an einer Seite verschließen (Packungsanleitung beachten) und auf ein Backblech legen. Gurkengemüse in den Bratschlauch legen. Fischfilets mit Salz und Pfeffer würzen, auf das Gemüse legen. Die Tomatenscheiben darauf verteilen und mit Käse bestreuen.

6. Zweite Seite des Bratfolienschlauchs fest verschließen und nach Packungsanleitung einschneiden. Das Backblech im unteren Drittel in den vorgeheizten Backofen schieben. Den Tomatenfisch mit dem Gurkengemüse etwa 15 Minuten garen, bis der Fisch gar und der Käse verlaufen ist.

7. Dillspitzen abspülen, trocken tupfen. Den Bratfolienschlauch vorsichtig aufschneiden. Tomatenfisch auf Gurkengemüse anrichten und mit Dill bestreut servieren.

Beilage: Dazu können Sie etwa 250 g frisches Stangenweißbrot (zusätzlich pro Portion: E: 4 g, F: 1 g, Kh: 30 g, kJ: 616, kcal: 147, BE: 2,5) oder 750 g Salzkartoffeln (zusätzlich pro Portion: E: 4 g, F: 0 g, Kh: 27 g, kJ: 538, kcal: 129, BE: 2,5) reichen.

Tipps: Wer keine Extra-Beilage reichen möchte, bereitet einfach mehr Gurkengemüse zu. Dann insgesamt 3 Salatgurken (etwa 1,2 kg) zubereiten. Beim Garen im Bratfolienschlauch können Sie fast ganz auf Fett verzichten, trotzdem gart alles aromatisch und saftig.

Zubereitungszeit: 30 Minuten

4 Portionen • Pro Portion:
E: 19 g, F: 6 g, Kh: 74 g, kJ: 1824, kcal: 436, BE: 5,0

Erbsen-Paprika-Gemüse mit Hirse

Einfach lecker und preiswert

Zutaten: 250 g Hirse • 500 ml (½ l) Wasser • ½ TL Salz • 250 ml (¼ l) Wasser • ½ TL Salz • 600 g TK-Erbsen • 1 Zwiebel (etwa 65 g) • 2 rote Paprikaschoten (je etwa 200 g) • 1 Bund Frühlingszwiebeln (etwa 300 g) • 6 Stängel glatte Petersilie (oder 1 EL TK-Petersilie) • 1 EL Speiseöl (z. B. Rapsöl, 10 g) • 1–1½ EL Zitronensaft • 1 Msp. Currypulver • Cayennepfeffer

1. Hirse mit Wasser zugedeckt in einem Topf zum Kochen bringen. Salz unterrühren. Hirse etwa 5 Minuten bei mittlerer Hitze köcheln lassen. Dann bei schwacher Hitze etwa 10 Minuten ausquellen lassen.

2. In der Zwischenzeit in einem zweiten Topf Wasser zugedeckt zum Kochen bringen. Salz und Erbsen hinzugeben, wieder zum Kochen bringen. Die Erbsen zugedeckt etwa 3 Minuten bei mittlerer Hitze garen. Dabei gelegentlich umrühren. Die Erbsen in ein Sieb abgießen, dabei etwas Kochwasser auffangen. Die Erbsen mit kaltem Wasser abschrecken und abtropfen lassen.

3. Zwiebel abziehen und fein würfeln. Paprikaschoten halbieren, entstielen, entkernen und die weißen Scheidewände entfernen. Schotenhälften abspülen, abtropfen lassen und in kleine Stücke schneiden. Frühlingszwiebeln putzen, abspülen, abtropfen lassen und in 4–5 cm lange Stücke schneiden. Petersilie abspülen, trocken tupfen und die Blättchen von den Stängeln zupfen. Blättchen in Streifen schneiden.

4. Öl in einer großen Pfanne erhitzen. Zwiebelwürfel, Paprika- und Frühlingszwiebelstücke darin bei mittlerer Hitze unter gelegentlichem Rühren etwa 3 Minuten andünsten. Erbsen und 3–4 Esslöffel der aufgefangenen Kochflüssigkeit unterrühren. Das Gemüse zugedeckt bei mittlerer Hitze etwa 2 Minuten garen.

5. Paprika-Erbsen-Gemüse mit Zitronensaft, Curry und Cayennepfeffer abschmecken, etwas Petersilie unterrühren. Das Gemüse mit Hirse anrichten. Übrige Petersilie auf die Hirse streuen.

Ernährungstipp: Gemüse und Getreideprodukte liefern uns reichlich Ballaststoffe. Pro Portion nimmt man bei diesem Gericht etwa 15 g Ballaststoffe zu sich – das entspricht etwa der Hälfte des empfohlenen Tagesbedarfes für Erwachsene. Wenn öfters fettarm zubereitete Gemüse und Vollkornprodukte, statt Fleisch, auf dem Speisezettel stehen, ernährt man sich vollwertig und gesund – so kann man auf Dauer einige „Fett-Kalorien“ beim Essen einsparen.

Tipps: Dieses Gericht lässt sich auch leicht für 2 Personen zubereiten. Einfach die Zutaten halbieren.
Hirse kann man auch gut in Gemüsebrühe garen. Oder statt Hirse die gleiche Menge Amaranth oder Bulgur verwenden. Beides bekommen Sie im Reformhaus.

Zubereitungszeit: 25 Minuten
Garzeit: etwa 20 Minuten

2 Portionen • Pro Portion:
E: 24 g, F: 14 g, Kh: 60 g, kJ: 1937, kcal: 463, BE: 5,0

Überbackener Kürbis mit Zartweizen

Gut vorzubereiten – pikant

Zutaten: 125 g Zartweizen (vorgegarter Weizen) • 1 l Gemüsebrühe • 1 Zwiebel • etwa 650 g Kürbis (z. B. Hokkaido) • 1 EL Sonnenblumenöl (10 g) • 50–75 ml Gemüsebrühe (etwa 5–7 EL) • Salz • frisch geriebene Muskatnuss
Außerdem: 2 EL Schnittlauchröllchen • etwa ½ TL geriebene Zitronenschale • 200 g körniger Frischkäse • Salz • frisch gemahlener Pfeffer • 1–2 TL zerstoßene rosa Pfefferbeeren

1. Zartweizen nach Packungsanleitung mit der Gemüsebrühe zubereiten. Dann den Zartweizen in ein Sieb abgießen, dabei die Gemüsebrühe auffangen und 50–75 ml abmessen, beiseitestellen.

2. In der Zwischenzeit Zwiebel abziehen und fein würfeln. Kürbis entkernen und evtl. Innenfasern entfernen. Kürbis in Spalten schneiden und schälen. Etwa 400 g Kürbisfruchtfleisch in etwa 1½ cm große Würfel schneiden.

3. Den Backofen vorheizen.
Ober-/Unterhitze: etwa 200 °C
Heißluft: etwa 180 °C

4. Öl in einem Topf erhitzen. Die Zwiebelwürfel darin andünsten. Kürbiswürfel zufügen und unter gelegentlichem Rühren etwa 2 Minuten mitdünsten. Abgemessene Gemüsebrühe hinzugießen. Die Kürbiswürfel zugedeckt in etwa 8 Minuten bissfest dünsten, dabei sollte die Gemüsebrühe fast verdampft sein.

5. In der Zwischenzeit Schnittlauchröllchen mit Zitronenschale und Frischkäse mischen, mit Salz und Pfeffer würzen. Das Kürbisgemüse mit Salz und Muskatnuss abschmecken. Den Zartweizen untermischen. Die Kürbis-Weizen-Mischung in einer Auflaufform (gefettet) verteilen.

6. Die Käsemasse löffelweise daraufgeben und vorsichtig verstreichen. Rosa Pfefferbeeren daraufstreuen. Die Form auf dem Rost im unteren Drittel in den vorgeheizten Backofen schieben. Das Kürbisgemüse etwa 20 Minuten überbacken und dann heiß servieren.

Tipp: Dieses Rezept lässt sich für 4 Portionen einfach verdoppeln. Die Garzeit bleibt gleich.

Ernährungstipp: Das Kürbisfruchtfleisch ist kalorienarm und enthält viel Beta-Carotin. Körniger Frischkäse ist relativ fettarm, dafür eiweißreich. Der Zartweizen liefert neben Kohlenhydraten zusätzlich wertvolles pflanzliches Eiweiß. Fazit: Diese Kombination ist ideal um satt zu werden, fit und schlank zu bleiben.

Rezeptabwandlung: Für *überbackene Möhren mit Zartweizen* statt Kürbis etwa 450 g Möhren schälen, putzen, abspülen, abtropfen lassen und in dünne Scheiben schneiden (pro Portion: E: 24 g, F: 14 g, Kh: 60 g, kcal: 460, kJ: 1926, BE: 4,0).

Zubereitungszeit: 30 Minuten

4 Portionen • Pro Portion:
E: 6 g, F: 12 g, Kh: 18 g, kJ: 956, kcal: 230, BE: 0,5

Gebratener Chinakohl
Mit Alkohol – aus dem Wok

Zutaten: 1 Chinakohl (etwa 1,3 kg) • 1 Bund Frühlingszwiebeln (etwa 300 g) • 2 Knoblauchzehen • 2 rote Paprikaschoten (je etwa 200 g) • 7–8 EL Sherry (etwa 80 ml) • 2 EL Weißweinessig (etwa 25 g) • 6–7 EL Orangensaft (etwa 75 ml) • 3 EL Sojasauce (etwa 30 g) • 1 TL Sambal Oelek (5 g) • 1 EL Speisestärke (etwa 7 g) • 3 EL Erdnussöl (30 g) • ½–1 EL dunkles Sesamöl (10 g) • Salz

1. Von dem Chinakohl die äußeren welken Blätter entfernen. Chinakohl vierteln und den Strunk herausschneiden. Chinakohl abspülen, gut abtropfen lassen und in schmale Streifen schneiden.

2. Frühlingszwiebeln putzen, abspülen, abtropfen lassen und schräg in etwa 2 cm lange Stücke schneiden. Knoblauch abziehen und in feine Würfel schneiden.

3. Paprikaschoten halbieren, entstielen, entkernen und die weißen Scheidewände entfernen. Schotenhälften abspülen, abtropfen lassen und in Streifen schneiden.

4. Sherry mit Weinessig, Orangensaft, Sojasauce, Sambal Oelek und Speisestärke verrühren.

5. Erdnussöl in einem Wok oder einer großen Pfanne erhitzen. Zuerst die Chinakohlstreifen unter Rühren etwa 3 Minuten anbraten. Frühlingszwiebeln, Knoblauchwürfel und Paprikastreifen unterrühren, alles etwa 2 Minuten mitbraten.

6. Die Sherrymischung hinzugießen, das Ganze kurz aufkochen lassen, mit Sesamöl und Salz abschmecken und servieren.

Ernährungstipp: Chinakohl wird hauptsächlich von August bis März angeboten. Er ist ein Vertreter der sogenannten grünen Blattgemüse. Diese sind auch Vitamin K-Lieferanten. Vitamin K ist wichtig für die Blutgerinnung. Es ist ein fettlösliches Vitamin, welches relativ unempfindlich gegenüber Hitze und Sauerstoff ist. Es wird jedoch durch Licht (UV-Strahlen) zerstört. Deshalb das Gemüse möglichst dunkel lagern. Andere grüne Blattgemüse sind z. B. Spinat, Wirsing, Grünkohl.

Beilage: Dazu Reis, z. B. Basmatireis servieren. Pro Person jeweils 50 g einplanen (zusätzlich pro Portion: E: 4 g, F: 0 g, Kh: 38 g, kJ: 731, kcal: 172, BE: 3,0).

Zubereitungszeit: 30 Minuten

4 Portionen • Pro Portion:
E: 17 g, F: 12 g, Kh: 49 g, kJ: 1596, kcal: 381, BE: 3,0

Gemüseplatte mit Käsesauce
Preiswert

Zutaten: 800 g vorwiegend festkochende Kartoffeln • 1 TL Salz • 8 Möhren (etwa 800 g) • 1 Bund Frühlingszwiebeln (etwa 300 g) • 500 g Brokkoli • 2 EL Sonnenblumenöl (20 g) • 500 ml (½ l) Gemüsebrühe • 4–5 Stängel Petersilie (oder ½ EL TK-Petersilie) • 250 ml (¼ l) Milch • 150 g Schmelzkäsezubereitung (kalorienreduziert, 10 % Fett) • 2 geh. EL heller Saucenbinder (etwa 20 g) • frisch gemahlener Pfeffer • frisch geriebene Muskatnuss

1. Kartoffeln schälen, abspülen, abtropfen lassen, in einen Topf geben und so viel Wasser hinzufügen, dass die Kartoffeln knapp bedeckt sind. Kartoffeln zugedeckt zum Kochen bringen. Salz hinzugeben. Kartoffeln zugedeckt in 20–25 Minuten gar kochen.

2. Inzwischen Möhren putzen, schälen, abspülen, abtropfen lassen und schräg in dünne Scheiben schneiden. Frühlingszwiebeln putzen, abspülen, abtropfen lassen und in etwa 5 cm lange Stücke schneiden. Vom Brokkoli die Blätter entfernen und die Röschen abschneiden. Röschen abspülen und abtropfen lassen.

3. Öl in einer großen Pfanne erhitzen. Möhren und Frühlingszwiebel darin bei mittlerer Hitze unter gelegentlichem Rühren 3–4 Minuten andünsten. Brokkoli zugeben. Gemüsebrühe hinzugießen und alles zugedeckt aufkochen lassen. Das Gemüse zugedeckt bei mittlerer Hitze etwa 10 Minuten garen.

4. Petersilie abspülen, trocken tupfen, die Blättchen von den Stängeln zupfen und fein hacken. Gemüse mit der Schaumkelle aus dem Gemüsesud nehmen und warm stellen.

5. Milch in den Gemüsesud einrühren. Schmelzkäse hinzugeben und unter Rühren darin schmelzen lassen. Die Sauce kurz aufkochen und mit Saucenbinder binden. Käsesauce mit Salz, Pfeffer und Muskat abschmecken. Petersilie unterrühren.

6. Kartoffeln abgießen und mit dem Gemüse anrichten. Ein Teil der Käsesauce daraufgießen. Restliche Käsesauce dazureichen.

Ernährungstipp: Kartoffeln zählen zu unseren Grundnahrungsmitteln. Sie stecken voller Vitamine, Mineralstoffe und machen schön satt. Vorwiegend festkochende Kartoffeln sind ideal als Beilage für Gerichte mit Saucen.
Die Gemüsemenge in diesem Rezept entspricht pro Portion etwa 3 Handvoll Gemüse. Mit dem Verzehr von 2 weiteren Obstportionen haben Sie viel für eine ausgewogene Ernährung am Tag getan.

Rezeptabwandlung:
Für Nicht-Vegetarier gibt es pro Portion 50 g aufgerollten Lachsschinken (zusätzlich pro Portion: E: 9 g, F: 2 g, Kh: 0 g, kJ: 244, kcal: 58, BE: 0,0) oder 50 g Geflügelbrust-Aufschnitt (zusätzlich pro Portion: E: 11 g, F: 1 g, Kh: 1 g, kJ: 233, kcal: 55, BE: 0,0) dazu.

Zubereitungszeit: 25 Minuten
Garzeit: 25–30 Minuten

4 Portionen • Pro Portion:
E: 25 g, F: 15 g, Kh: 28 g, kJ: 1474, kcal: 351, BE: 1,5

Reis-Quark-Auflauf mit Gemüse

Für Kinder – einfach

Zutaten: 1 Knoblauchzehe • 1 Zwiebel • 1 EL Olivenöl (10 g) • 175 g Instant-Rundkornreis (Express-Reis) • 500 ml (½ l) Gemüsebrühe • 1 Zucchini (etwa 350 g) • 150 g Cocktailtomaten • 1 Bund Frühlingszwiebeln (etwa 300 g) • 1 EL Olivenöl (10 g) • 3 Eiweiß (Größe M) • Salz • 3 Eigelb (Größe M) • 250 g Magerquark • frisch gemahlener Pfeffer • 100 g TK-Erbsen • 75 g geriebener, kalorienreduzierter Käse (15 % Fett)

1. Knoblauch und Zwiebel abziehen, fein würfeln. Öl in einem Topf erhitzen. Knoblauch und Zwiebel darin glasig dünsten. Erst Reis, dann Brühe dazugeben und bei schwacher Hitze den Reis zugedeckt nach Packungsanleitung garen lassen. Reis etwas abkühlen lassen.

2. In der Zwischenzeit Zucchini abspülen, abtrocknen und die Enden abschneiden. Zucchini in Scheiben schneiden. Tomaten abspülen, abtrocknen und halbieren. Nach Belieben die Stängelansätze herausschneiden.

3. Den Backofen vorheizen.
Ober-/Unterhitze: etwa 180 °C
Heißluft: etwa 160 °C

4. Frühlingszwiebeln putzen, abspülen, abtropfen lassen und in feine Ringe schneiden. Öl in einer Pfanne erhitzen. Die Frühlingszwiebeln darin unter gelegentlichem Rühren kurz anbraten und herausnehmen.

5. Eiweiß mit 1 Prise Salz sehr steif schlagen. Eigelb mit Quark, Salz, Pfeffer und Reis verrühren. Eischnee unterheben.

6. Zucchini, Tomaten, Frühlingszwiebeln mit den unaufgetauten Erbsen vorsichtig mit der Quarkmasse mischen und in eine Auflaufform (gefettet) geben. Käse daraufstreuen.

7. Die Form auf dem Rost im unteren Drittel in den vorgeheizten Backofen schieben. Den Auflauf 25–30 Minuten garen (bis die Eimasse gestockt ist).

Ernährungstipp: Achten Sie bei einer fettarmen Ernährung besonders darauf, nicht zu viele „versteckte“ Fette zu verzehren. Diese befinden sich z. B. in Wurst, Süßigkeiten, Chips und Keksen. Meist ist uns nicht bewusst, dass wir deshalb zu viel Fett zu uns nehmen. Die tägliche Fettzufuhr sollte bei einer fettarmen Ernährung 40–50 g nicht überschreiten.

Tipp: Sie können diesen Auflauf z. B. auch mit 200 g Quinoa zubereiten. Dann bitte die auf der Packung angegebene Flüssigkeitsmenge beachten. Quinoa hat einen reisähnlichen, leicht getreidigen Geschmack.

Zubereitungszeit: 10 Minuten, ohne Durchziehzeit

2 Portionen • Pro Portion:
E: 3 g, F: 1 g, Kh: 62 g, kJ: 1194, kcal: 285, BE: 5,0

Beeren-Ananas-Salat

Zum Mitnehmen geeignet – im Foto hinten

Zutaten: Saft von 1 Zitrone • 1 gestr. EL flüssiger Honig (15 g) • 1 Msp. gemahlener Zimt • 2 Bananen (je etwa 150 g) • 200 g frisches Ananasfruchtfleisch (entspricht etwa ½ Ananas) • 150 g TK-Beerencocktail • 2 Vollkornreiswaffeln (je 12 g)

Ernährungstipp: Bananen und Beeren versorgen uns mit Magnesium. Außerdem sind Bananen gute Vitamin-B_6-Lieferanten. Vitamin C bringt die Ananas mit. So ist dieser Salat eine gute Möglichkeit unsere Immunabwehr zu stärken.

1. Zitronensaft mit Honig und Zimt in einer Schüssel glatt rühren. Bananen schälen, in dünne Scheiben schneiden und mit der Zitronensaftmischung verrühren.

2. Ananasfruchtfleisch in kleine Stücke schneiden und mit den gefrorenen Beeren unterheben. Den Salat mindestens 30 Minuten durchziehen lassen. Den Obstsalat durchrühren, mit den Reiswaffeln servieren.

Zubereitungszeit: 10 Minuten, ohne Durchziehzeit

2 Portionen • Pro Portion:
E: 3 g, F: 2 g, Kh: 39 g, kJ: 808, kcal: 193, BE: 3,0

Exotischer Obstsalat

Etwas teurer – im Foto vorn

Zutaten: Saft von 1 Zitrone • 1 gestr. EL flüssiger Honig (15 g) • 1 Msp. gemahlener Zimt • 1 Mango (etwa 400 g) • 1 Papaya (etwa 400 g) • 2 Kaktusfeigen (etwa 250 g) • 100 g Physalis (etwa 24 Stück)

1. Zitronensaft mit Honig und Zimt verrühren. Das Fruchtfleisch der Mango vom Stein schneiden, schälen, in Spalten schneiden, mit 2 Esslöffeln der Zitronensaftmischung beträufeln. Papaya halbieren, entkernen, schälen und in Spalten schneiden.

2. Von den Kaktusfeigen jeweils die Enden abschneiden. Schale vorsichtig abziehen. Kaktusfeigen in Scheiben schneiden. Physalis aus der Hülle lösen, abspülen, trocken tupfen und nach Belieben halbieren. Früchte in 2 Schälchen anrichten, mit der restlichen Zitronensaftmischung beträufeln.

Tipps: Statt der Kaktusfeigen können Sie auch 2 Kiwis verarbeiten. Kiwis schälen und in Scheiben schneiden. Physalis ist auch unter dem Namen Kapstachelbeere bekannt.

Zubereitungszeit: 15 Minuten, ohne Abkühlzeit

4 Portionen • Pro Portion:
E: 6 g, F: 11 g, Kh: 43 g, kJ: 1239, kcal: 295, BE: 3,5

Apfel-Karamell-Creme
Zum Vorbereiten

Für den Pudding: 1 Pck. Dr. Oetker Pudding-Pulver Mandel-Geschmack • 4 EL Zucker (40 g) • 500 ml (½ l) Milch
Außerdem: 3 EL Sonnenblumenkerne (30 g) • 1 Apfel (etwa 200 g) • 10 g Butter • 50 Zucker • 50 ml Milch

1. Aus Pudding-Pulver, Zucker und Milch nach Packungsanleitung einen Pudding zubereiten. Frischhaltefolie auf den Pudding legen, damit sich während des Erkaltens keine Haut bildet. Pudding erkalten lassen.

2. Die Sonnenblumenkerne in einer Pfanne ohne Fett unter gelegentlichem Rühren goldbraun rösten. Dann auf einem Teller abkühlen lassen.

3. Den Apfel schälen, vierteln und das Kerngehäuse entfernen. Die Apfelviertel in dünne Spalten schneiden. Butter in einer Pfanne zerlassen. Die Apfelspalten darin andünsten. 2 Apfelspalten zum Garnieren beiseitelegen. Die restlichen Apfelspalten auf 4 Dessertgläser verteilen.

4. Den erkalteten Pudding mit einem Schneebesen durchschlagen und in die Dessertgläser füllen.

5. Den Zucker in einen kleinen Topf geben, bei mittlerer Hitze hellbraun karamellisieren lassen. Den Topf von der Kochstelle nehmen, die Milch in den Topf gießen. Das Ganze unter Rühren so lange erhitzen, bis sich eine cremige Karamellmasse gebildet hat.

6. Die Sonnenblumenkerne in die Karamellmasse geben. Den Topf von der Kochstelle nehmen. Beiseite gelegte Apfelspalten halbieren, kurz in der Karamellmasse wenden, herausnehmen und mit der restlichen Karamellmasse auf dem Pudding anrichten.

Rezeptabwandlung:
Für eine *Birnen-Schokoladen-Creme* (pro Portion: E: 7 g, F: 11 g, Kh: 42 g, kJ: 1238, kcal: 295, BE: 3,5) ersetzen Sie das Mandel-Puddingpulver durch 1 Päckchen Dr. Oetker Pudding-Pulver Schokoladen-Geschmack, die Sonnenblumenkerne durch 30 g Mandelstifte und den Apfel durch 1 Birne (etwa 200 g) – die übrigen Zutaten bleiben gleich. Die Birnenspalten vor dem Andünsten jeweils einmal quer halbieren. Ansonsten die Creme wie im Rezept beschrieben zubereiten.

Zubereitungszeit: 15 Minuten

2 Portionen • Pro Portion:
E: 15 g, F: 7 g, Kh: 26 g, kJ: 1027, kcal: 245, BE: 2,0

Kerniger Beeren-Quark
Schnell – ideal für Kinder

Zutaten: 4 EL Vollkorn-Haferflocken (40 g) • 1 TL Kürbiskerne (5 g) • 1 TL Zucker (5 g) • 1 EL grob geschroteter Leinsamen (10 g) • 150 g frische oder aufgetaute TK-Beeren, z. B. Himbeeren, Erdbeeren oder Heidelbeeren • 125 g Magerquark • 150 g Vollmilch-Joghurt • 1 TL Zucker (5 g)

1. Haferflocken und Kürbiskerne in einer Pfanne ohne Fett unter Rühren goldbraun rösten. Zucker daraufstreuen und unter gelegentlichem Rühren kurz karamellisieren lassen. Alles auf einen Teller geben und abkühlen lassen. Leinsamen unterrühren.

2. Frische Beeren abspülen, abtropfen lassen und entstielen. Große Früchte in kleine Stücke schneiden. Quark mit Joghurt und Zucker in einer Schüssel glatt rühren, in 2 Schälchen mit den Früchten anrichten. Quark mit Knusperflocken bestreut servieren.

Zubereitungszeit: 15 Minuten

2 Portionen • Pro Portion:
E: 4 g, F: 2 g, Kh: 49 g, kJ: 996, kcal: 238, BE: 4,0

Obstsalat mit Knusperflocken

Einfach – beliebt

Zutaten: 4 EL Vollkorn-Haferflocken (40 g) • 100 g blaue Weintrauben • 1 kleiner Apfel (etwa 150 g) • 1 große Banane (etwa 200 g) • Saft von 1 Orange • 2 TL flüssiger Honig (12 g)

1. Haferflocken in einer Pfanne ohne Fett unter Rühren goldgelb rösten. Dann die Haferflocken auf einem Teller abkühlen lassen.

2. Trauben und Apfel waschen, trocken tupfen. Trauben halbieren, evtl. entkernen. Apfel vierteln, entkernen und in kleine Stücke schneiden. Banane schälen, in dünne Scheiben schneiden.

3. Orangensaft mit 1 Teelöffel des Honigs verrühren und sofort mit den Oststücken mischen. Salat mit Haferflocken bestreuen und mit dem restlichen Honig beträufeln.

Zubereitungszeit: 20 Minuten, ohne Kühlzeit

4 Portionen • Pro Portion:
E: 26 g, F: 0 g, Kh: 20 g, kJ: 836, kcal: 200, BE: 1,5

Mandarinen-Quark-Speise

Preiswert

Zutaten: 3 Blatt weiße Gelatine • 1 Dose Mandarin-Orangen (Abtropfgewicht 175 g) • 750 g Magerquark

1. Gelatine nach Packungsanleitung in kaltem Wasser einweichen. Mandarinen in einem Sieb abtropfen lassen, dabei den Saft in einem kleinen Topf auffangen. Den Quark in einer Schüssel glatt rühren.

2. Mandarinensaft leicht erwärmen. Gelatine leicht ausdrücken und in den Topf geben. Gelatine unter Rühren im warmen Saft auflösen. 2 Esslöffel vom Quark unterrühren. Dann die Saft-Gelatine-Mischung unter den restlichen Quark rühren. Mandarinen unterheben.

3. Die Mandarinen-Quark-Speise zugedeckt mindestens 30 Minuten in den Kühlschrank stellen.

Ernährungstipp: Quark ist sehr eiweißreich und wird mit unterschiedlichen Fettgehalten angeboten. 100 g Magerquark hat nur etwa 0,3 g Fett und etwa 72 kcal. Magerquark ist somit gut für eine fettarme Ernährung geeignet.

Tipp: Die Quarkspeise lässt sich gut vorbereiten. Zum Mitnehmen die Speise in 4 verschließbare Gefäße füllen und im Kühlschrank kalt stellen.

Rezeptabwandlung:
Die Quarkspeise lässt sich auch mit einer Dose Aprikosenhälften (Abtropfgewicht 240 g) oder Pfirsichhälften (Abtropfgewicht 250 g) zubereiten.
Pro Portion *Aprikosen-Quark-Speise*: E: 26 g, F: 0 g, Kh: 25 g, kJ: 921, kcal: 220, BE: 2,0.
Pro Portion *Pfirsich-Quark-Speise*: E: 26 g, F: 0 g, Kh: 25 g, kJ: 916, kcal: 219, BE: 2,0.

Kapitelregister

Alphabetisches Register

Für Fragen, Vorschläge oder Anregungen steht Ihnen der Verbraucherservice der Dr. Oetker Versuchsküche
Telefon: 0 08 00 71 72 73 74 Mo.–Fr. 8:00–18:00 Uhr, Sa. 9:00–15:00 Uhr (gebührenfrei in Deutschland)
oder die Mitarbeiter des Dr. Oetker Verlages
Telefon: +49 (0) 521 52 06 45 Mo.–Fr. 9:00–15:00 Uhr zur Verfügung.
Schreiben Sie uns: Dr. Oetker Verlag KG, Am Bach 11, 33602 Bielefeld
oder besuchen Sie uns im Internet unter www.oetker-verlag.de
oder www.oetker.de.

Umwelthinweis: Dieses Buch und der Einband wurden auf chlorfrei gebleichtem Papier gedruckt. Die Einschrumpffolie – zum Schutz vor Verschmutzung – ist aus umweltfreundlichem und recyclingfähigem PE-Material.

Redaktion: Andrea Gloß

Titelfoto: Thomas Diercks (Fotostudio Diercks), Hamburg

Innenfotos: Walter Cimbal, Hamburg (S. 32, 36)
Thomas Diercks, Hamburg (S. 16, 56)
Uli Hartmann, Halle/Westf. (S. 72)
Antje Plewinski, Berlin (S. 4, 12, 14, 18, 22, 28, 30, 34, 38, 42–54, 58–66, 70, 74–76)
Hans-Joachim Schmidt, Hamburg (S. 10, 20, 24, 26, 40, 68)

Foodstyling: Anke Rabeler, Berlin

Rezeptentwicklung und -beratung: Irmgard Radke, Calden

Nährwertberechnungen: Nutri Service, Hennef

Grafisches Konzept und Gestaltung: kontur:design, Bielefeld
Titelgestaltung: kontur:design, Bielefeld

Satz: Typografika, Bielefeld
Reproduktionen: Mohn media Mohndruck GmbH, Gütersloh
Druck und Bindung: Mohn media Mohndruck GmbH, Gütersloh

ISBN 978-3-7670-0981-3